O existencialismo é um humanismo

Dados Internacionais de Catalogação na Publicação (CIP)
(Câmara Brasileira do Livro, SP, Brasil)

Sartre, Jean-Paul, 1905-1980.
  O existencialismo é um humanismo / Jean-Paul Sartre; apresentação e notas, Arlette Elkaïm-Sartre ; tradução de João Batista Kreuch. 4. ed. Petrópolis, RJ : Vozes, 2014. – (Vozes de Bolso)

  9ª reimpressão, 2025.

  ISBN 978-85-326-4286-8

  Título original : L'existencialisme est un humanisme

  1. Existencialismo I. Título. II. Série.

10-03427　　　　　　　　　　　　　　　　　　CDD-142.78

Índices para catálogo sistemático:
  1. Existencialismo : Filosofia   142.78

Jean-Paul Sartre

O existencialismo é um humanismo

Apresentação e notas de Arlette Elkaïm-Sartre

Tradução de João Batista Kreuch

Vozes de Bolso

© Éditions Gallimard, 1996.

Tradução do original em francês intitulado
L'existencialisme est un humanisme

Direitos de publicação em língua portuguesa – Brasil:
2010, Editora Vozes Ltda.
Rua Frei Luís, 100
25689-900 Petrópolis, RJ
www.vozes.com.br
Brasil

Esta obra encontra-se em domínio público conforme a
Lei nº 9.610/98. No entanto, os comentários finais e as notas de
Leandro Garcia Rodrigues têm seus direitos reservados e não
poderão ser reproduzidos ou transmitidos por qualquer forma e/ou
quaisquer meios (eletrônico ou mecânico, incluindo fotocópia e
gravação) ou arquivados em qualquer sistema ou banco de dados
sem permissão escrita da editora.

CONSELHO EDITORIAL	PRODUÇÃO EDITORIAL
Diretor	Aline L.R. de Barros
Volney J. Berkenbrock	Jailson Scota
	Marcelo Telles
Editores	Mirela de Oliveira
Aline dos Santos Carneiro	Natália França
Edrian Josué Pasini	Otaviano M. Cunha
Marilac Loraine Oleniki	Priscilla A.F. Alves
Welder Lancieri Marchini	Rafael de Oliveira
	Samuel Rezende
Conselheiros	Vanessa Luz
Elói Dionísio Piva	Verônica M. Guedes
Francisco Morás	
Gilberto Gonçalves Garcia	
Ludovico Garmus	
Teobaldo Heidemann	

Secretário executivo
Leonardo A.R.T. dos Santos

Diagramação: Sheilandre Desenv. Gráfico
Capa: visiva.com.br

ISBN 978-85-326-4286-8 (Brasil)
ISBN 978-2-07-032913-7 (França)

Este livro foi composto e impresso pela Editora Vozes Ltda.

Sumário

Situação da conferência, por Arlette Elkaïm-Sartre, 9

1 O existencialismo é um humanismo, 15

2 Discussão, 45

Nascido aos 21 de junho de 1905 em Paris, Jean-Paul Sartre, com seus colegas da *École Normale Supérieure*, desde muito jovem critica os valores e as tradições de sua classe social, a burguesia. Leciona durante algum tempo no Liceu de Havre, seguindo depois sua formação filosófica no *Institut Français* de Berlim. Desde seus primeiros textos filosóficos, *L'imagination* (*A imaginação*, 1936), *Esquisse d'une Théorie des Émotions* (*Esboço de uma Teoria das Emoções,* 1939), *L'imaginaire* (*O imaginário*, 1940), aparece a originalidade de um pensamento que o conduz ao existencialismo, cujas teses são desenvolvidas em *L'être et le néant* (*O ser e o nada*, 1943) e em *L'existentialisme est un humanisme* (*O existencialismo é um humanismo*, 1946).

Sartre tornou-se conhecido do grande público principalmente por seus contos, novelas e romances – *La nausée* (*A náusea*, 1938), *Le mur* (*O muro*, 1939), *Les chemins de la liberté* (*Os caminhos da liberdade*, 1945-1949) – e seus textos de crítica literária e política – *Réflexions sur la question juive* (*Reflexões sobre a questão judaica*, 1946), *Baudelaire* (1947), *Saint Genet, comédien et martyr* (*Saint Genet, ator e mártir*, 1952), *Situations* (*Situações*, 1947-1976), *L'idiot de la famille* (*O idiota da família*, 1972). Suas peças teatrais têm um público ainda mais amplo: *Les mouches* (*As moscas*, 1943), *Huis clos* (*Entre quatro paredes*, 1945), *La putain respectueuse* (*A puta respeitosa*, 1946), *Les mains sales* (*As mãos sujas*, 1948), *Le diable et le Bon Dieu* (*O diabo e o Bom Deus*, 1951).

Preocupado em abordar os problemas de sua época, Sartre manteve até o fim de sua vida uma intensa atividade política (participação no tribunal, recusa do Prêmio Nobel de Literatura em 1964, direção de *La cause du peuple e de Libération*). Morreu em Paris em 15 de abril de 1980.

Situação da conferência

O existencialismo é um humanismo *é o texto estenografado, pouquíssimo retocado por Sartre, de uma conferência que ele proferiu em Paris, na segunda-feira dia 29 de outubro de 1945, a pedido do Club Maintenant, criado no Libération por Jacques Calmy e Marc Beigbeder com objetivo de "animação literária e intelectual"; o texto foi publicado no ano seguinte pelas Éditions Nagel. Que necessidade teria o autor de* O ser e o nada *(1943) de argumentar em favor do humanismo de sua doutrina?*

Devemos lembrar que os dois primeiros volumes dos Caminhos da liberdade, *que acabavam de ser publicados pela primeira vez, estavam obtendo um sucesso misturado com escândalo. Não vamos nos alongar sobre os detalhes daquilo que, em* L'âge de raison (A idade da razão) *e em* Le sursis (Sursis), *chocou os bem-pensantes da época. Seu personagem principal foi considerado frívolo ou cínico. "Eu acredito que o que incomoda em meus personagens", escrevia Sartre, "é sua lucidez. O que eles são, eles o sabem, e decidem sê-lo". Desprovido de ancoradouro, sem certezas, Mathieu está, evidentemente, longe da figura épica ou do herói positivo; seu único trunfo, em sua busca obstinada por uma vida autenticamente livre – que ecoa na investigação filosófica de* O ser e o nada *– é esta lucidez seca que também é um sofrimento. O que lhe acontece, o que ele faz, tem pouca realidade; ele não começou a viver realmente. Então, não era tão evidente que se tratasse do drama intelectual e moral de uma consciência em formação, cuja evolução não está completa no final do segundo volume. Sem dúvidas por ser a leitura dos dois romances, que, além do mais, tiveram calorosos defensores, mais aces-*

sível do que o era a da obra filosófica, sua publicação amplificou a ressonância do existencialismo sartriano; as controvérsias a seu respeito foram agravadas e tumultuadas por aquilo que hoje chamaríamos de fenômeno midiático – alarido e confusão, hostilidade aberta ou disfarçada, pedantice – cujos motivos não se conhecem até hoje. Como resultado, uma invasão quase recíproca: do escritor, por uma celebridade de baixa qualidade que o pasmava, do público, pelo existencialismo. Fórmulas separadas de seu contexto como "O inferno são os outros", "A existência precede a essência", "O homem é uma paixão inútil", à solta em jornais sensacionalistas, viraram slogans *diabólicos.*

Quanto às críticas expressadas pelos intelectuais, que não se furtavam à injúria, essas não procediam ainda de um exame muito aprofundado de O ser e o nada[1]: *os cristãos, para além do seu ateísmo, acusavam Sartre de ser materialista, os comunistas, por não sê-lo; os primeiros o reprovavam por "colocar arbitrariamente a primazia no em-si-mesmo (en-soi)", os segundos o taxavam de subjetivismo. As noções de* contingência (contingence), *de* desamparo (délaissement), *de* angústia (angoisse), *indignavam a uns e a outros. A expressão violenta dessa rejeição, que Sartre sentiu como carregada de ódio, devia-se unicamente ao fato de, como o dirá um de seus detratores, estarem os ânimos, após o cataclismo da guerra, "preocupados com uma definição do homem conforme a exigência histórica e que permitisse superar a crise atual"? O fato é que as objeções eram mais morais e, até mesmo, em definitivo, utilitárias, do que propriamente filosóficas. Havia pouca preocupação em discutir a orquestração das ideias em sua obra, a pertinência dos argumentos. "Nem todo mundo pode ler* O ser e o nada", *escrevia esse mesmo crítico[2]. Sartre se transformara igualmente, na mente de muitas pessoas, no anti-humanista por excelência: ele teria desmoralizado os franceses no momento em que a França, em ruínas, tinha mais necessidade de esperança.*

Portanto, é para apresentar ao público uma exposição coerente e mais justa de sua filosofia que Sartre aceitou dar esta conferência[3]. Desconcertado com a superexcitação da multidão que entrara à força na sala, formada, pareceu-lhe, tanto por curiosos atraídos pela fama repentina do existencialismo e de seu autor quanto por ouvintes vindos por amor à Filosofia, afirma que o existencialismo é uma doutrina reservada estritamente *aos filósofos, ao mesmo tempo em que procura colocá-la o quanto possível ao alcance do público mais amplo: é que* O ser e o nada, *um texto ao mesmo tempo rigoroso e denso, mal lido e muitas vezes deformado, tornou-se um objeto que lhe escapa e, contudo, pelo qual se sente responsável. Mas, pode-se supor, para além desse público difícil de distinguir, ele se dirige mais particularmente aos comunistas, dos quais desejava se reaproximar. Alguns meses antes, ainda, tinha escrito em seus jornais clandestinos; no presente, as pontes se romperam e a hostilidade deles parece aumentar com a expansão do existencialismo.*

Ora, não foi um raciocínio teórico que levou Sartre a querer essa reaproximação. O ser e o nada *tinha amadurecido ao longo de anos, ele o elaborou em uma espécie de euforia solitária durante os períodos de ócio forçado por causa da "guerra bizarra" e do Stalag; mas toda essa potência intelectual empregada na descoberta de uma verdade sobre o ser e sobre o homem no mundo não o impediu de sentir sua impotência sob a ocupação. Se ele aspira à ação coletiva, é porque experimentou o peso da história e reconheceu a importância do social. Naquele mesmo mês de outubro foi publicado o primeiro número dos* Tempos Modernos; *esta revista, que ele acaba de fundar, pretende dar apoio às lutas sociais e econômicas da esquerda, cujo primeiro representante veio a ser o Partido dos Fuzilados e, com suas crônicas, reportagens, estudos, almeja colaborar para a libertação humana. Mas a equipe de* Tempos Modernos *se reserva a liberdade crítica: "Nós nos posicionamos do lado daqueles que querem mudar tanto a condição social do homem quanto a concepção que ele tem de si mesmo. Também, a propósito dos eventos políticos e sociais que acontecem, nossa revista tomará posição caso a caso. Ela não o fará politicamente, ou seja, não servirá partido algum*"[4].

Tal liberdade de opinião, os teóricos do partido não aprovaram; ela *"faz o jogo da reação"*, de acordo com a expressão consagrada de L'humanité[5]. No plano teórico, igualmente, a ideia da liberdade causa problemas. Nesta conferência, Sartre queria ao menos, no ponto em que está em sua investigação filosófica, convencer os marxistas do PC de que ela não contradiz a concepção marxista da determinação do homem pelo econômico. *"Não é pela mesma relação que um homem está livre e acorrentado"*, escreverá ele mais tarde em *Materialisme et révolution*[6], onde se explicará mais à vontade sobre suas divergências com os comunistas.

É-lhe requisitado justificar moralmente seu engajamento a partir de *O ser e o nada*[7]; mais que isso, em lugar dele tiram-se daí consequências nefastas que lhe serão criticadas em seguida. Na esperança de dissipar os mal-entendidos, Sartre empenhou-se aqui em esquematizar suas próprias teses, a destacar apenas aquilo que seria entendido. Ele chega a apagar a dimensão dramática da indissolúvel relação da realidade-humana com o ser: sua concepção pessoal da angústia, por exemplo, herdada de Kierkegaard e de Heidegger, e reinventada, que ocupa um lugar central em seu ensaio de ontologia, fica reduzida aqui à angústia ética do chefe militar no momento de enviar suas tropas ao ataque. Este esforço de vulgarização e de conciliação será inútil: os marxistas não se desarmarão.

Mas houve aí realmente um mal-entendido? Pode-se duvidar disso se se prestar atenção à seguinte frase de Pierre Naville[8] na conversa que seguiu a conferência[9]: *"Eu deixo de lado todas as questões especiais que dizem respeito à técnica filosófica [...]"* Não é fácil para o filósofo dialogar se o interlocutor questiona sua doutrina, mas, ao mesmo tempo, se recusa a falar de filosofia! Na revista de Naville, um comentário a respeito irá congratular-se por essa discussão aproximativa: *"O contraponto foi feito por Pierre Naville [...]*

Melhor do que nas exposições mais densas vê-se claramente o que diferencia o marxismo do existencialismo e de toda filosofia [...][10]. Na verdade, se for necessário contrapor o existencialismo sartreano, que provoca interesse da juventude, não será por uma ou outra de suas teses, e sim, sobretudo, por ele poder semear turbulência e hesitação nos ânimos. "Você impede que as pessoas venham a nós", lhe dirá Roger Garaudy; e Elsa Triolet: "Você é filósofo, portanto, antimarxista". De fato, se o teórico comunista considera que debater o marxismo equivale a fragilizar as certezas indispensáveis ao militante para lutar (inutilmente, além do mais, pois o marxismo contém todas as verdades necessárias para mudar o mundo), então, é-lhe estranho o espírito do percurso filosófico cujo valor Sartre reafirmará em 1948: "Buscar a verdade é preferir o ser a tudo, mesmo que sob forma catastrófica, simplesmente porque ele é"[11]. Mais tarde ele se empenhará em mostrar que, pela concepção de homem que propõe – enriquecida nesse tempo por seus ensaios biográficos – o existencialismo não é, para o marxismo, uma filosofia inoportuna[12].

Mas não é de admirar-se, em todo caso, que Sartre logo tenha se arrependido de deixar publicar O existencialismo é um humanismo. *Muito se leu esta conferência, considerada uma introdução suficiente a* O ser e o nada, *o que ela não é: uma exposição clara, mas redutora, ela carrega as contradições em que Sartre estava envolvido naquele ano; ele queria apaixonadamente participar da vida coletiva na trincheira do Partido Comunista, portador da esperança de milhões de pessoas naquele primeiro ano pós-guerra, em que as transformações mais radicais da sociedade pareciam possíveis; mas sua escolha não tinha fundamento filosófico. Havia as críticas hostis que os marxistas lhe dirigiam sem tê-lo lido, o próprio Marx, que ele não havia ainda estudado seriamente; sua reflexão sobre a dimensão social e histórica do homem estava apenas começando – e, ademais, a eidética fenomenológica é mesmo o melhor instrumento para pensar o ser coletivo? "Existe um fator essencial, na filosofia, que é o tempo",* escreveria Sartre em Questões de método. *"Precisa-se de muito tempo para escrever uma obra teórica." Ele, naquele ano, esteve tomado por contratempos.*

O existencialismo é um humanismo *é, portanto, um texto circunstancial, mas que, por pouco que já se tenha abordado a obra de Sartre sob seu aspecto literário ou filosófico, permite perceber o primeiríssimo momento, ainda vago, intimamente conflitivo, de uma virada em sua vida intelectual. Um novo ciclo de investigação filosófica irá começar. As objeções à sua obra, que ele procura inventariar nessa conferência, por confusas e hostis que sejam, provocarão nele novas questões que serão tratadas mais tarde em* Crítica da razão dialética, *após um livre amadurecimento, testemunhado, entre outras coisas, por seus escritos póstumos.*

Arlette Elkaïm-Sartre

1
O existencialismo é um humanismo

Eu gostaria, aqui, de defender o existencialismo de algumas acusações que lhe têm sido dirigidas.

Primeiramente, acusaram-no de estimular as pessoas a permanecerem em certo quietismo desesperançado uma vez que, sendo as soluções inacessíveis, dever-se-ia considerar que a ação neste mundo é totalmente impossível, e de levar as pessoas a uma filosofia contemplativa, algo que, sendo a contemplação um luxo, nos conduziria a uma filosofia burguesa. Essas são, sobretudo, as críticas dos comunistas.

Por outro lado, acusaram-nos de acentuar a ignomínia humana, de expor aos quatro ventos o sórdido, o suspeito, o viscoso, e de negligenciar certas coisas belas, alegres, o lado luminoso da natureza humana; por exemplo, segundo a Senhorita Mercier, crítica católica, teríamos esquecido o sorriso da criança. Uns e outros nos acusam de faltar para com a solidariedade humana, e considerar o homem um ser isolado, em grande parte, porque nós partiríamos, dizem os comunistas, da pura subjetividade, quer dizer, do *eu penso* cartesiano, e do momento em que o homem se encontra consigo em sua solidão, o que nos tornaria incapazes, em consequência, de retornar à solidariedade com os homens que estão fora de mim e que não posso atingir no *cogito*.

E, na ótica cristã, somos acusados de negar a realidade e a seriedade dos empreendimentos humanos, pois, se suprimimos os mandamentos de Deus e os valores inscritos na eternidade, não resta mais que a estrita gratuidade, podendo cada um fazer o que quiser, e sendo incapaz, a partir de seu ponto de vista, de condenar os pontos de vista e os atos dos outros. É a essas várias acusações que tentarei responder hoje e, por isso, dei a esta exposição o título de "O existencialismo é um humanismo". Muitos poderão se admirar com o fato de virmos aqui falar de humanismo. Procuraremos deixar claro em que sentido o entendemos. De qualquer forma, o que podemos dizer desde o princípio é que, por existencialismo, entendemos uma doutrina que torna a vida humana possível e que, por outro lado, declara que toda verdade e toda ação implicam um meio e uma subjetividade humana. A crítica essencial que nos é feita, sabemos, é que acentuamos o lado ruim da vida humana. Recentemente, me contaram o caso de uma senhora que, por nervosismo, tendo deixado escapar uma palavra vulgar, desculpou-se dizendo: "Acho que estou ficando existencialista!" Consequentemente, a feiura passa a ser assimilada ao existencialismo; e por isso declaram que somos naturalistas; mas se o somos, é de estranhar que inquietemos e escandalizemos as pessoas muito mais do que o naturalismo propriamente dito inquieta e causa indignação hoje em dia. Alguém a quem um romance de Zola, como *A Terra*, cai perfeitamente bem, fica enojado ao ler um romance existencialista, e alguém que utiliza a sabedoria das nações – que é bastante triste – nos acha ainda mais tristes. Contudo, existe algo mais decepcionante do que dizer "A caridade bem-feita começa consigo mesmo", ou então "Ama a quem te serve e serás desprezado, castiga-o e serás amado"? Conhecemos bem os lugares-comuns que se podem utilizar a esse respeito, que mostram sempre a mesma coisa: que não se deve lutar contra os poderes instituídos, que não adianta dar murro em ponta de faca, que não devemos brigar com quem é mais forte do que nós; toda ação que não se insere em uma tradição é um romantismo, toda tentativa que não se apoia na experiência comprovada é fadada ao fracasso; e a experiência mostra que os homens tendem sempre a descer, sendo necessário corpos sólidos para contê-los, caso contrário, tem-se a anarquia. No entanto, as mesmas pessoas que repetem esses infelizes provérbios são aquelas que dizem: "Quanta humanidade!", cada vez que se deparam com um ato mais ou menos repugnante; as mesmas pessoas que adoram canções realistas são aquelas que reclamam que o existencialismo é muito sombrio, a tal ponto de eu me perguntar se eles não estão se queixando mais do otimismo do existencialismo do que, na verdade, de seu pessimismo. Pois, no fundo, o que amedronta na doutrina que tentarei lhes apresentar não seria, exatamente, o fato de ela dar uma possibilidade de escolha ao ser humano? Para verificar isso é preciso que nos dediquemos à questão sobre um plano estritamente filosófico. O que é que denominamos existencialismo?

A maioria das pessoas que utilizam esse termo ficariam bastante confusas para justificá-lo, pois, hoje, que ele virou moda, diz-se tranquilamente que um músico ou um pintor são existencialistas. Um colunista de *Clartés* assina *O Existencialista*. E, no fundo, o termo assumiu hoje tal amplitude que já perdeu todo seu significado. Parece que, na falta de uma doutrina de vanguarda análoga ao surrealismo, as pessoas ávidas de escândalo e de agitação acorrem a essa filosofia que, no entanto, não tem nada a lhes oferecer nesse campo; na realidade, esta é a menos escandalosa das doutrinas, e a mais austera; ela se destina estritamente aos técnicos e filósofos. No entanto, ela pode ser definida facilmente. O que torna as coisas complicadas é que existem duas espécies de existencialistas: os primeiros, que são cristãos, e entre os quais eu listaria Jaspers e Gabriel Marcel, de confissão católica; e, por outro lado, os existencialistas ateus, entre os quais é preciso colocar Heidegger[1], e também os existencialistas franceses e eu próprio. O que eles têm em comum é simplesmente o fato de considerarem que a existência precede a essência ou, se preferirem, que é preciso partir da subjetividade. O que é que isso quer, exatamente, dizer? Quando consideramos um objeto fabricado, como um livro, ou um corta-papel, por exemplo, esse objeto foi fabricado por um artífice, inspirado em um conceito; ele tinha como base o conceito de corta-papel e, também, uma certa técnica de produção anterior que faz parte do conceito e que, no fundo, é uma fórmula. Desse modo, o corta-papel é simultaneamente um objeto que se produz de determinada maneira e que, por outro lado, possui uma utilidade definida, e não se pode supor que um homem produza um corta-papel sem saber para que tal objeto serve. Então dizemos que, para o corta-papel, a essência – ou seja, o conjunto dos procedimentos e das qualidades que permitem produzi-lo e defini-lo – precede a existência; desse modo a presença diante de mim de tal corta-papel ou de tal livro está determinada. Aqui temos, portanto, uma visão técnica do mundo, em função da qual podemos dizer que a produção precede a existência.

Se concebemos Deus como criador, Ele será, na maior parte das vezes, semelhante a um artífice superior; e qualquer que seja a doutrina que consideremos, quer se trate de uma doutrina como a de Descartes ou como a de Leibniz, admitimos sempre que a vontade segue mais ou menos o entendimento ou, pelo menos, o acompanha, e que Deus, quando cria, sabe precisamente o que está criando. Assim, o conceito de homem, na mente de Deus, é semelhante ao conceito de corta-papel na mente do fabricante; e Deus produz o homem de acordo com técnicas e com uma concepção, exatamente como o artífice fabrica um corta-papel seguindo uma definição e uma técnica. Dessa forma, o homem individual realiza um determinado conceito que existe no entendimento divino. No ateísmo filosófico do século XVIII, a noção de Deus foi suprimida, porém não a ideia de que a essência precede a existência. Esta ideia pode ser encontrada praticamente em todo lugar: encontramo-la em Diderot, em Voltaire e até mesmo em Kant. O homem seria possuidor de uma natureza humana; esta natureza humana, que é o conceito humano, se encontraria em todos os homens, o que significa que cada homem é um exemplo particular de um conceito universal, o homem; dessa universalidade resulta que, em Kant, o homem da selva, o homem da natureza e o burguês estão todos encaixados na mesma definição e possuem as mesmas qualidades básicas. Assim, mais uma vez, a essência do homem precede essa existência histórica com que nos deparamos na natureza.

O existencialismo ateu que eu represento é mais coerente. Ele declara que, mesmo que Deus não exista, há ao menos um ser cuja existência precede a essência, um ser que existe antes de poder ser definido por algum conceito, e que tal ser é o homem ou, como diz Heidegger, a realidade humana. Que significa, aqui, que a existência precede a essência? Significa que o homem existe primeiro, se encontra, surge no mundo, e se define em seguida. Se o homem, na concepção do existencialismo, não é definível, é porque ele não é, inicialmente, nada. Ele apenas será alguma coisa posteriormente, e será aquilo que ele se tornar. Assim, não há natureza humana, pois não há um Deus para concebê-la. O homem é, não apenas como é concebido, mas como ele se quer, e como se concebe a partir da existência, como se quer a partir desse elã de existir, o homem nada é além do que ele se faz. Esse é o primeiro princípio do existencialismo. É isso também o que se denomina subjetividade, e esse é o termo pelo qual nos criticam. Porém, o que entendemos, na verdade, com isso, senão que o homem tem mais dignidade que uma pedra ou uma mesa? Pois queremos dizer que o homem existe antes de tudo, ou seja, que o homem é, antes de tudo, aquilo que projeta vir a ser, e aquilo que tem consciência de projetar vir a ser. O homem é, inicialmente, um projeto que se vive enquanto sujeito, e não como um musgo, um fungo ou uma couve-flor; nada existe anteriormente a esse projeto; nada existe de inteligível sob o céu e o homem será, antes de mais nada, o que ele tiver projetado ser. Não o que vai querer ser. Pois o que entendemos ordinariamente por querer é uma decisão consciente que, para a maior parte de nós, é posterior ao que fizemos efetivamente de nós mesmos. Posso querer aderir a um partido, escrever um livro, casar-me, tudo isto é apenas uma manifestação de uma escolha mais original, mais espontânea do que aquilo que se chama vontade. Mas se realmente a existência precede a essência o homem é responsável pelo que é. Assim, a primeira decorrência do existencialismo é colocar todo homem em posse daquilo que ele é, e fazer repousar sobre ele a responsabilidade total por sua existência. E quando dizemos que o homem é responsável por si mesmo, não queremos dizer que ele é responsável estritamente por sua individualidade, mas que é responsável por todos os homens. Há dois sentidos no termo subjetivismo e nossos adversários se aproveitam desse duplo sentido. Por um lado, subjetivismo expressa a escolha do sujeito individual por ele mesmo e, por outro, significa a impossibilidade humana de ultrapassar essa subjetividade. É o segundo sentido que é o sentido profundo do existencialismo. Quando dizemos que o homem faz a escolha por si mesmo, entendemos que cada um de nós faz essa escolha, mas, com isso, queremos dizer também que, ao escolher por si, cada homem escolhe por todos os homens. Com efeito, não existe um de nossos atos sequer que, criando o homem que queremos ser, não crie ao mesmo tempo uma imagem do homem conforme julgamos que ele deva ser. Fazer a escolha por isto ou aquilo equivale a afirmar ao mesmo tempo o valor daquilo que escolhemos, pois não podemos nunca escolher o mal; o que escolhemos é sempre o bem, e nada pode ser bom para nós sem sê-lo para todos. Se a existência, além do mais, precede a essência, e nós queremos existir ao mesmo tempo em que moldamos nossa imagem, tal imagem é válida para todos e para nossa época inteira. Assim, nossa responsabilidade é muito maior do que poderíamos supor, pois ela envolve a humanidade como um todo. Se eu sou um operário e escolho aderir a um sindicato cristão em vez de ser comunista, se, por esta adesão, eu quero indicar que a resignação é, no fundo, a solução que convém ao homem, e que o reino do homem não se dá nesta terra, eu não estou decidindo apenas meu caso particular: eu quero resignar-me por todos, consequentemente, minha escolha envolve a humanidade inteira. E se eu quero algo mais individual, casar-me, ter filhos, embora este casamento dependa unicamente de minha situação, ou de minha paixão, ou de meu desejo, com isso eu estou envolvendo não apenas a mim mesmo, mas a toda a humanidade na prática da monogamia. Assim, sou responsável por mim e por todos e crio uma determinada imagem do homem que escolho ser; ao escolher a mim, estou escolhendo o homem.

Isto nos permite compreender o que significam algumas palavras um pouco grandiloquentes como angústia, desamparo, desespero. Como vocês verão, é extremamente simples. Primeiramente, o que entendemos por angústia? O existencialista costuma declarar que o homem é angústia; isso significa o seguinte: o homem que se engaja e que se dá conta de que ele não é apenas o que escolhe ser, mas é também um legislador que escolhe ao mesmo tempo o que será a humanidade inteira, não poderia furtar-se do sentimento de sua total e profunda responsabilidade. Obviamente, muitas pessoas não se mostram ansiosas; mas nossa opinião é que elas mascaram sua angústia e evitam encará-la; certamente, muitas pessoas acreditam que, ao agir, estão comprometendo apenas a si próprias e se lhes dizemos: "Mas, e se todo mundo agisse assim?", elas dão de ombros e respondem: "Nem todos agem assim". Mas, na verdade, a pergunta que sempre deve ser feita é: "O que aconteceria se todos agissem do mesmo modo?" E não se tem como escapar desse pensamento inquietante sem uma espécie de má-fé. Aquele que mente e se escusa dizendo que nem todo mundo age assim é alguém que não está bem à vontade com sua consciência, pois o fato de mentir implica um valor universal atribuído à mentira. Mesmo mascarada, a angústia se manifesta. É essa angústia que Kierkegaard chamava angústia de Abraão. Vocês conhecem a história: um anjo ordenou a Abraão que sacrificasse seu filho: está tudo certo se é, realmente, um anjo que veio e disse: "Você é Abraão e sacrificará seu filho". Mas cada um pode se perguntar, antes de tudo: "É realmente um anjo e eu sou mesmo Abraão? O que é que me prova?" Havia uma louca que tinha alucinações: alguém lhe falava por telefone e lhe dava ordens. O médico lhe perguntou: "Mas quem é que fala com você?" Ela respondeu: "Ele diz que é Deus". Mas que provas ela tinha, na verdade, de que era Deus? Se um anjo se aproxima de mim, que provas tenho eu de que é um anjo? E se ouço vozes, que provas tenho de que elas provêm do céu e não do inferno, ou do subconsciente, ou de um estado patológico? Que provas tenho de que se dirigem a mim? Quem me prova que eu fui, de fato, designado para impor minha concepção de homem e minha escolha à humanidade? Eu jamais terei alguma prova disso, algum sinal pra me convencer. Se uma voz se dirige a mim, sou eu que terei que decidir que esta voz é a voz do anjo; se eu considero que determinado ato é bom, sou eu que escolho declará-lo bom e não mau. Nada me designa como sendo Abraão. No entanto, sou obrigado, a cada instante, a realizar ações exemplares. Tudo acontece para cada homem como se a humanidade inteira estivesse sempre com os olhos sobre o que ele faz para agir de maneira semelhante. E cada um deve se perguntar: sou eu mesmo o homem que tem o direito de agir de forma tal que a humanidade se oriente por meus atos? E se ele não se colocar esta questão, é porque está mascarando a angústia. Não se trata, aí, de uma angústia que leve ao quietismo, à inação.

Trata-se de uma angústia simples, que todos aqueles que já tiveram responsabilidades conhecem. Quando, por exemplo, um chefe militar assume a responsabilidade de atacar e envia um certo número de homens à morte, ele faz uma escolha, e a faz, no fundo, totalmente só. Sem dúvida há ordens que vêm de cima, mas elas são amplas e precisam de uma interpretação, que será dada por ele, e dessa interpretação depende a vida de dez, quatorze ou vinte homens. É inevitável que ele tenha, ao tomar essa decisão, uma certa angústia. Todo chefe militar conhece essa angústia. Isso não os impede de agir, pelo contrário, é a condição mesma de sua ação, pois supõe que eles vislumbrem diversas possibilidades e, quando optam por uma delas, percebem que ela só tem valor por ter sido escolhida. E essa espécie de angústia, que é a que descreve o existencialismo, veremos que ela se explica, além disso, por uma responsabilidade direta em relação aos outros homens envolvidos pela escolha. Ela não é uma cortina a nos separar da ação, mas antes faz parte da ação em si.

E quando falamos de desamparo, expressão cara a Heidegger, queremos dizer apenas que Deus não existe, e devemos assumir todas as consequências disso. O existencialista se opõe fortemente a um certo tipo de moral laica que pretende suprimir Deus pagando o menor preço possível. Em 1880, quando professores franceses tentaram constituir uma moral laica, eles disseram mais ou menos o seguinte: Deus é uma hipótese inútil e custosa, vamos suprimi-la. Porém, para que exista uma moral, uma sociedade, um mundo que respeite as leis, será necessário que alguns valores sejam levados a sério e considerados como existentes *a priori*. É necessário que seja obrigatório *a priori* ser honesto, não mentir, não bater na mulher, criar filhos etc. Vamos, portanto, realizar um pequeno trabalho que permitirá mostrar que esses valores existem mesmo assim, inscritos em um céu inteligível, muito embora, por outro lado, Deus não exista. Dito de outra forma – e esta é, creio eu, a tendência de tudo aquilo que denominamos, na França, radicalismo –, nada mudará Deus não existindo mais; nós encontraremos as mesmas normas de honestidade, de progresso, de humanismo e teremos transformado Deus em uma hipótese ultrapassada que irá morrer tranquilamente e por si mesma. O existencialista, ao contrário, vê como extremamente incômodo o fato de Deus não existir, pois com ele desaparece toda possibilidade de encontrar valores em um céu inteligível; não é mais possível existir bem algum *a priori*, uma vez que não existe mais uma consciência infinita e perfeita para concebê-lo, não está escrito em lugar algum que o bem existe, que é preciso ser honesto, que não se deve mentir, pois estamos exatamente em um plano onde há somente homens. Dostoievski escrevera: "Se Deus não existisse, tudo seria permitido". É este o ponto de partida do existencialismo. Com efeito, tudo é permitido se Deus não existe, consequentemente, o homem encontra-se desamparado, pois não encontra nem dentro nem fora de si mesmo uma possibilidade de agarrar-se a algo. Sobretudo, ele não tem mais escusas. Se, com efeito, a existência precede a essência, nunca se poderá recorrer a uma natureza humana dada e definida para explicar alguma coisa; dizendo de outro modo, não existe determinismo, o homem é livre, o homem é liberdade. Por outro lado, se Deus não existe, não encontraremos à nossa disposição valores ou ordens que legitimem nosso comportamento. Assim, nem atrás de nós, nem à nossa frente, ou no domínio numinoso dos valores, dispomos de justificativas ou escusas. Nós estamos sós, sem escusas. É o que exprimirei dizendo que o homem está condenado a ser livre. Condenado, pois ele não se criou a si mesmo, e, por outro lado, contudo, é livre, já que, uma vez lançado no mundo, é o responsável por tudo que faz. O existencialista não crê no poder da paixão. Ele nunca pensará que uma bela paixão é uma torrente devastadora que leva fatalmente o homem a certos atos e que, consequentemente, representa uma escusa. Acredita que o homem é responsável por sua paixão. O existencialista não pensará tampouco que o homem pode encontrar auxílio em algum sinal na terra que o oriente; pois considera que o homem é quem decifra, ele mesmo, o sinal como melhor lhe parecer. Assim, pensa que o homem, sem nenhum tipo de apoio nem auxílio, está condenado a inventar a cada instante o homem. Ponge disse, em um belíssimo artigo: "O homem é o futuro do homem"[2]. Isso é perfeitamente exato. No entanto, se com isso se entender que o futuro está inscrito no céu, e que Deus o conhece, então será falso, e já nem seria mais um futuro. Se com isso entendermos que, independentemente do homem que surgir, haverá um futuro a se fazer, um futuro virgem que o aguarda, então essa palavra é justa. Mas então estamos desamparados. Para lhes dar um exemplo que permite compreender melhor o desamparo, quero citar o caso de um de meus alunos que me procurou nas seguintes circunstâncias: seu pai havia brigado com a mãe e, além disso, pretendia tornar-se um "colaborador", seu irmão mais velho tinha sido morto durante a ofensiva alemã de 1940, e esse rapaz, de sentimentos um pouco primitivos, mas generoso, queria vingá-lo. Sua mãe vivia sozinha com ele, muito chocada com a meia-traição de seu pai e com a morte de seu filho mais velho, e ele era sua única consolação. Naquele momento, esse rapaz tinha diante de si a opção de partir para a Inglaterra e engajar-se nas Forças Francesas Livres – quer dizer, abandonar sua mãe – ou continuar junto com sua mãe e ajudá-la a viver. Ele tinha consciência de que sua mãe só vivia por ele e seu desaparecimento – e, quem sabe, sua morte – a fariam afundar no desespero. Ele também percebia que, no fundo, cada ato que fazia em relação à sua mãe tinha uma resposta concreta, no sentido de ajudá-la a viver, ao passo que cada ato que fizesse partindo ou indo ao combate seria um ato ambíguo que poderia perder-se como água na areia e não servir para nada:

por exemplo, partindo para a Inglaterra, ele poderia permanecer indefinidamente em um campo espanhol ao passar pela Espanha. Poderia chegar na Inglaterra ou na Argélia e ser colocado em um escritório a preencher papéis. Consequentemente, ele estava diante de dois tipos de ação muito diferentes: uma concreta, imediata, mas que se dirigia a um só indivíduo; a outra era uma ação que se dirigia a um grupo infinitamente mais vasto, uma coletividade nacional, mas que poderia ser interrompida no meio do caminho. E, ao mesmo tempo, ele hesitava entre dois tipos de moral. De uma parte, uma moral de simpatia, a dedicação individual; e, de outra parte, uma moral mais ampla, porém de uma eficácia mais questionável. Ele precisava escolher entre as duas. Quem poderia ajudá-lo nessa escolha? A doutrina cristã? Não. A doutrina cristã diz: sede caridosos, amai o vosso próximo, sacrificai-vos pelo outro, escolhei o caminho mais exigente etc. Mas, qual é o caminho mais exigente? Quem deve ser amado como irmão: o compatriota ou a mãe? O que representa a utilidade maior, aquela, vaga, de combater dentro de um grupo, ou a precisa, de ajudar um ser em particular a viver? Quem pode tomar essa decisão *a priori*? Ninguém! Nenhum código de moral tem resposta para dar. A moral kantiana diz: nunca trate os outros como um meio, mas como fim. Muito bem; se eu ficar junto de minha mãe, estarei tratando-a como fim, e não como meio, mas, assim fazendo, corro o risco de estar tratando como meio aqueles que estão combatendo ao meu redor; e reciprocamente, se me juntar àqueles que estão combatendo, os tratarei como fim, mas, ao fazer isso, estarei tratando minha mãe como um meio.

Se os valores são vagos e sempre amplos demais para os casos específicos e concretos que consideramos, não temos outra escolha a não ser confiar em nossos instintos. Foi o que esse jovem procurou fazer. Quando o encontrei, ele dizia: no fundo, o que conta é o sentimento; eu deveria escolher aquilo que me lança, de fato, em determinada direção. Se eu sentir que a amo tanto que lhe sacrificaria todo o resto – meu desejo de vingança, minha vontade de agir, meu desejo de aventuras –, ficarei ao seu lado. E se, pelo contrário, eu sentir que meu amor por ela não chega a tanto, então partirei. Mas como determinar o valor de um sentimento? O que é que definia o valor de seu sentimento por sua mãe? Precisamente o fato de ele ficar, por ela. Eu só posso dizer: "Amo meu amigo a ponto de sacrificar por ele tal soma de dinheiro" se, de fato, eu fizer isso. Somente posso dizer: "Amo minha mãe o suficiente para ficar ao seu lado" se eu, de fato, ficar ao seu lado. Não posso determinar o valor exato dessa afeição sem fazer, precisamente, um ato que a confirme e a defina. Ora, como eu espero que tal afeição justifique meu ato, acabo emaranhado em um círculo vicioso.

Por outro lado, Gide expressou muito bem que um sentimento representado e um sentimento vivido são duas coisas praticamente indiscerníveis: decidir que amo minha mãe ficando junto com ela, ou encenar uma comédia que fará com que eu fique por minha mãe é, de certo modo, a mesma coisa. Dito de outra forma, o sentimento se constrói pelas ações que realizamos; não posso, portanto, consultá-lo para me guiar por ele. Isso quer dizer que não posso nem buscar em mim mesmo o estado autêntico que me impulsionará à ação, nem procurar em uma moral os conceitos que me permitirão agir. Ao menos, vocês dirão, ele foi conversar com um professor para lhe pedir conselho. Mas, se você vai buscar conselho junto a um padre, por exemplo, você escolheu esse padre e, no fundo, já sabia, mais ou menos, o que ele iria lhe aconselhar. Significa dizer que escolher o conselheiro também implica em um engajamento pessoal. A prova está em que, se você é cristão, dirá: "Consulte um padre". No entanto, há padres colaboracionistas, padres atentistas, padres resistentes. Qual escolher? E se o jovem escolhe um padre resistente, ou um colaboracionista, na verdade ele já decidiu o tipo de conselho que receberá. Assim, ao vir me procurar, ele já sabia a resposta que eu lhe daria, e eu não tinha outra resposta a dar senão essa: você é livre, escolha, ou seja, invente. Nenhuma regra de uma moral genérica pode indicar o que devemos fazer; não existem sinais outorgados no mundo. Os católicos replicarão: "Mas claro que há sinais". Admitamos, sou eu mesmo, em todo caso, que escolho o significado que eles têm. Quando eu estava preso, conheci um homem impressionante, que era jesuíta. Ele tinha entrado na ordem da seguinte forma: havia passado por uma série de infortúnios bastante dolorosos; ainda criança, seu pai foi morto, deixando-o pobre. Ele foi recebido como bolsista em uma instituição religiosa onde constantemente lhe repetiam que ele tinha sido aceito por caridade; consequentemente, ele não recebeu muitas das distinções honoríficas com que as crianças são gratificadas; depois, por volta dos dezoito anos, teve um fracasso sentimental; enfim, aos vinte e dois anos – coisa pueril, mas que foi a gota d'água que fez o vaso transbordar – ele foi reprovado em sua preparação militar. Portanto, esse rapaz podia achar que tudo tinha dado errado para ele; era um sinal, mas um sinal de quê? Ele podia refugiar-se na amargura ou no desespero, mas avaliou, muito habilmente para seu próprio bem, que esse era o sinal de que ele não fora feito para os triunfos seculares, e que só os êxitos da religião, da santidade e da fé é que estavam ao seu alcance. Assim, viu nisso uma mensagem divina e ingressou nas ordens. Quem não vê que a decisão do sentido do sinal foi tomada exclusivamente por ele? Outras conclusões poderiam ter sido tiradas dessa série de fracassos: por exemplo, que mais valia ele tornar-se carpinteiro ou revolucionário. Portanto, é dele toda a responsabilidade pela forma de decifrar. O desamparo é acompanhado pela angústia. Quanto ao desespero, essa expressão tem um sentido extremamente simples. Ela quer dizer que nós só poderemos contar com aquilo que depende de nossa vontade ou com o conjunto das probabilidades que tornam nossa ação possível. Quando se quer alguma coisa, existem sempre elementos prováveis. Se eu estou contando com a vinda de um amigo, esse amigo virá de trem ou de bonde; isso supõe que o trem chegará na hora prevista, ou que o bonde não descarrilará. Ou seja, eu estou entregue ao domínio das possibilidades; mas não se trata de contar com as possibilidades senão na estrita medida em que nossa ação comporta o conjunto desses possíveis. A partir do momento em que as possibilidades que considero não estão rigorosamente engajadas por minha ação, devo desinteressar-me delas, pois Deus algum, desígnio algum poderá adaptar o mundo e seus possíveis à minha vontade. No fundo, quando Descartes dizia: "Ganhar-se, antes, a si mesmo que ao mundo", queria dizer a mesma coisa: agir sem esperança. Os marxistas, com quem eu falei, me respondem: "Como sua ação será, evidentemente, limitada por sua morte, você pode contar com o apoio dos outros. Significa contar tanto com o que os outros farão em outros lugares, na China, na Rússia, para ajudá-lo, como também contar com o que eles irão fazer mais tarde, depois que você morrer, para retomar a ação e conduzi-la à sua realização, que será a revolução. Inclusive, é seu dever contar com isso, senão não é um homem moral". A isso eu respondo, inicialmente, que eu contarei sempre com camaradas de luta na medida em que esses camaradas estão engajados comigo em uma luta concreta e comum, na unidade de um partido ou um grupo que eu posso mais ou menos controlar, ou seja, dentro do qual eu estou como militante, e do qual conheço a cada momento os movimentos. Neste momento, contar com a unidade e com a vontade desse partido é exatamente contar com o fato de que o bonde chegará na hora ou que o trem não descarrilará. Mas eu não posso contar com homens que não conheço, baseando-me na bondade humana ou no interesse humano pelo bem da sociedade, considerando que o homem é livre e que não existe nenhuma natureza humana sobre a qual eu possa fundamentar-me. Eu não sei o que será da revolução russa; posso admirá-la e tê-la como exemplo na medida em que hoje ela me prova que o proletariado exerce um papel na Rússia como não exerce em nenhuma outra nação. Mas eu não posso afirmar que ela conduzirá necessariamente a um triunfo do proletariado; devo me limitar àquilo que vejo; não posso ter por certo que camaradas de luta continuarão meu trabalho depois de minha morte para levá-lo à sua máxima perfeição, dado que esses homens são livres e amanhã eles decidirão livremente o que será o homem; amanhã, após minha morte, os homens podem decidir estabelecer o fascismo, e os demais podem ser frouxos e desamparados demais a ponto de deixar que assim façam; nesse momento, o fascismo será a verdade humana e, azar o nosso. Na realidade, as coisas serão exatamente como o homem decidir que elas sejam. Agora, isso significa que devo abandonar-me ao quietismo? Não! Antes de tudo, devo engajar-me, e depois agir de acordo com a antiga fórmula "Não é preciso esperar para começar". Isto não quer dizer que eu não deva pertencer a um partido, mas que não devo alimentar ilusões e sim fazer o que eu puder. Por exemplo, se me perguntar: "A coletivização enquanto tal, ela acontecerá?" Não tenho como saber; sei apenas que eu mesmo farei tudo que estiver ao meu alcance para fazê-la acontecer; fora isso, não posso contar com nada.

O quietismo é a atitude daqueles que dizem: "Os outros podem fazer aquilo que eu não posso". A doutrina que lhes apresento é exatamente o contrário do quietismo, pois ela afirma: "Só existe realidade na ação"; e ela vai ainda mais longe, acrescentando: "O homem não é nada mais que seu projeto, ele não existe senão na medida em que se realiza e, portanto, não é outra coisa senão o conjunto de seus atos, nada mais além de sua vida". A partir disso podemos compreender por que nossa doutrina apavora a certo número de pessoas. É que muitas vezes elas não conhecem outra maneira de suportar sua miséria senão pensando: "As circunstâncias foram contra mim, eu valia mais do que eu fui; obviamente, eu não tive grandes amores, ou grandes amizades, mas foi porque não encontrei o homem ou a mulher que fossem dignos, eu não escrevi livros muito bons, mas é porque eu não tive tempo livre para fazê-lo, eu não tive filhos a quem me dedicar, porque não encontrei o homem certo com o qual pudesse fazer minha vida. Assim, tenho em mim uma multidão inutilizada e inteiramente viável de habilidades, inclinações e possibilidades que me dão um valor maior do que aquele que a simples série de ações que realizei permite inferir". Ora, na realidade, para o existencialista, não existe outro amor do que aquele que se constrói, não há outra possibilidade de amor do que aquela que se manifesta em um amor, não há genialidade senão aquela que se expressa em obras de arte: o gênio de Proust é a totalidade das obras de Proust; o gênio de Racine é a série de suas tragédias, além disso não há nada. Por que atribuir a Racine a possibilidade de escrever uma nova tragédia, uma vez que exatamente ele não a escreveu? Um homem se compromete em sua vida, traça seu perfil, e fora dessa figura não há nada. Evidentemente essa forma de pensar pode parecer dura a alguém que não teve sucesso em sua vida. Mas, por outro lado, ela dispõe as pessoas a compreenderem que somente a realidade é que conta, e que os sonhos, as expectativas, as esperanças, permitem apenas definir alguém como um sonho malogrado, como esperanças abortadas, como expectativas inúteis; ou seja, isso as define negativamente, e não positivamente; entretanto, quando dizemos "Você não é outra coisa senão sua vida", isso não significa que o artista será julgado unicamente a partir de suas obras de arte; milhares de outras coisas contribuem igualmente para defini-lo. O que queremos dizer é que um homem não é outra coisa senão uma série de empreendimentos, a soma, a organização, o conjunto das relações que constituem essas empreitadas.

Nestas condições, aquilo de que nos criticam não é, no fundo, nosso pessimismo, mas uma dureza otimista. Se as pessoas nos criticam pelas nossas obras romanescas nas quais descrevemos seres moles, fracos, covardes, e algumas vezes, inclusive, nitidamente ruins, não é apenas porque esses seres sejam moles, fracos, covardes ou maus: pois se, como Zola, declarássemos que eles já nasceram assim, devido à influência do meio, da sociedade, por causa de um determinismo orgânico ou psicológico, as pessoas se sentiriam sossegadas e diriam: pois é, somos assim mesmo, e não há nada que se possa fazer. Mas o existencialista, quando descreve um covarde declara que este covarde é responsável por sua covardia. Ele não é assim por ter um coração, um pulmão ou um cérebro covarde, ele não é assim a partir de uma organização fisiológica, mas sim porque ele se modelou um covarde por meio de seus atos. Não existe temperamento covarde. Há temperamentos que são nervosos, há o "sangue fraco", como dizem as pessoas, ou temperamentos ricos. Mas o homem de sangue fraco não é necessariamente covarde, pois o que define a covardia é o ato de renunciar ou ceder; um temperamento não é um ato; o covarde se define a partir dos atos que realiza. O que as pessoas sentem obscuramente e lhes causa horror é que o covarde que apresentamos é responsável por sua covardia. O que as pessoas gostariam é que nascêssemos covardes ou heróis. Uma das críticas mais comuns a *Caminhos da liberdade* é a seguinte: "Mas, afinal, essas pessoas tão frouxas, como é que você vai transformá-las em heróis?" Tal objeção presta-se mais a fazer rir, pois ela supõe que as pessoas nascem heróis; e, no fundo, é isso que as pessoas gostariam de pensar: se você nasce covarde, você estará perfeitamente sossegado, pois não poderá fazer nada em relação a isso, você será assim a vida inteira, não importa o que faça; se você nasce herói, igualmente poderá ficar tranquilo, pois será herói a vida inteira, vai beber como um herói, comer como um herói. Já o existencialista diz que o covarde se faz covarde, e o herói se faz herói. Existe sempre uma possibilidade para o covarde deixar de ser covarde e para o herói deixar de ser herói. O que determina é o engajamento total e não é um caso particular, uma ação isolada, que engajará você totalmente.

Assim, parece-me, respondemos a algumas críticas relacionadas ao existencialismo. Vocês veem que ele não pode ser considerado uma filosofia do quietismo, uma vez que define o homem pela ação; tampouco pode ser considerado uma descrição pessimista do homem: não há doutrina mais otimista, pois ela coloca o destino do homem nele mesmo; também não pode ser considerado uma tentativa de desencorajar o homem de agir, já que afirma que não existe esperança senão em sua ação, e a única coisa que permite ao homem viver é o ato. Consequentemente, sobre esse plano, nós temos é que realizar uma moral da ação e do engajamento. Contudo, somos criticados ainda, a partir desses poucos elementos, de fechar o homem dentro de sua subjetividade individual. Também nisso nos entendem de forma muito equivocada. Nosso ponto de partida, de fato, é a subjetividade do indivíduo, e isto por razões estritamente filosóficas. Não por sermos burgueses, mas porque queremos uma doutrina embasada na verdade e não em um conjunto de belas teorias, cheias de esperança, mas sem fundamentos reais. Não é possível existir outra verdade, como ponto de partida, do que essa: *penso, logo existo*, é a verdade absoluta da consciência que apreende a si mesma. Toda teoria que assume o homem fora desse momento em que ele apreende a si mesmo é, antes de qualquer coisa, uma teoria que suprime a verdade, pois fora desse *cogito* cartesiano todos os objetos são apenas prováveis, e uma doutrina de probabilidades, que não é elevada a uma verdade, afunda no nada; para definir o provável é preciso possuir o verdadeiro. Portanto, para que exista uma verdade qualquer, é preciso uma verdade absoluta; e esta é simples, fácil de atingir, ela está ao alcance de todo mundo; e consiste em apreender-se sem intermediários.

Em segundo lugar, esta é a única teoria a atribuir uma dignidade ao homem, e a única que não o considera um objeto. Todo materialismo tem como efeito tratar todos os homens, inclusive a si mesmo, como objetos, isto é, como um conjunto de reações determinadas que em nada se distinguem do conjunto de qualidades e fenômenos que constituem uma mesa, uma cadeira ou uma pedra. Nós queremos, precisamente, constituir o reino humano como um conjunto de valores distintos do reino material. Porém a subjetividade que aqui postulamos a título de verdade não é uma subjetividade rigorosamente individual, pois demonstramos que no *cogito* não se revelava apenas a si mesmo, mas também aos outros. Pelo *eu penso*, contrariamente à filosofia de Descartes, e contrariamente à filosofia de Kant, nós estamos nos apreendendo a nós mesmos diante do outro, e o outro é algo tão certo para nós quanto o somos nós mesmos. Assim, aquele que se apreende de maneira imediata pelo *cogito*, descobre também todos os outros, e os descobre como a condição de sua própria existência. Ele se apercebe que não pode ser nada (no sentido em que dizemos que somos espirituais, ou maus, ou ciumentos), a menos que os outros o reconheçam como tal. Para obter qualquer verdade sobre mim é necessário que eu passe pelo outro. O outro é indispensável para minha existência, tanto quanto, ademais, o é para o meu autoconhecimento. Nestas condições, a descoberta de meu íntimo revela-me, ao mesmo tempo, o outro como uma liberdade colocada diante de mim, que sempre pensa e quer a favor ou contra mim. Assim, descobrimos imediatamente um mundo que chamaremos de intersubjetividade, um mundo em que o homem decide o que ele é e o que os outros são.

Além disso, embora seja impossível encontrar em cada homem uma essência universal que seria a natureza humana, existe, no entanto, uma universalidade humana de *condição*. Não é por acaso que os pensadores contemporâneos preferem falar da condição do homem a falar de sua natureza. Por condição eles entendem, com maior ou menor clareza, o conjunto de *limites a priori* que traçam sua situação fundamental no universo. As situações históricas variam: o homem pode nascer escravo em uma sociedade pagã ou senhor feudal ou proletário. O que não varia é a necessidade, para ele, de estar no mundo, trabalhar, conviver com outras pessoas e ser, no mundo, um mortal. Tais limites não são nem objetivos nem subjetivos, ou, quem sabe, eles tenham um lado objetivo e outro subjetivo. São objetivos porque se encontram em toda parte, e são em toda parte reconhecíveis; e são subjetivos porque são *vividos* e não são nada se o homem não os vive, ou seja, se não se determina livremente em sua existência em relação a eles. E embora os projetos possam ser diferentes, ao menos nenhum deles me é completamente estranho, porque todos eles são uma tentativa de superar esses limites ou afastá-los ou negá-los ou acomodar-se a eles. Consequentemente, todo projeto, mesmo que seja individual, possui um valor universal. Todo projeto, inclusive o do chinês, do indiano ou do negro, pode ser compreendido por um europeu. Pode ser compreendido, quer dizer que o europeu de 1945 pode se lançar, a partir de uma situação que ele concebe, em direção aos seus limites da mesma maneira, e pode refazer nele mesmo o projeto do chinês, do indiano ou do africano. Existe uma universalidade de todo projeto neste sentido de que todo projeto é compreensível a todo ser humano. Isto não significa absolutamente que esse projeto defina o homem para sempre, mas que ele pode ser reencontrado. Há sempre uma maneira de compreender o idiota, a criança, o primitivo ou o estrangeiro, desde que se tenham informações suficientes. Neste sentido, podemos dizer que existe uma universalidade humana; mas ela não é dada, e sim permanentemente construída. Edifico esta universalidade ao escolher-me. Eu a construo compreendendo o projeto de qualquer outro homem, de qualquer época que seja. Este caráter absoluto da ação de escolher não suprime a relatividade de cada época. O que o existencialismo pretende mostrar é, principalmente, a relação entre o caráter absoluto do engajamento livre, pelo qual cada homem se realiza ao realizar um tipo de humanidade – engajamento esse sempre compreensível a qualquer pessoa de qualquer época – e a relatividade da unidade cultural que pode resultar de tal engajamento. Deve-se observar ao mesmo tempo a relatividade do cartesianismo e o caráter absoluto do engajamento cartesiano. Nesse sentido, podemos dizer, se preferirem, que cada um de nós realiza algo absoluto ao respirar, comer, dormir ou cumprir outra ação qualquer. Não há diferença alguma entre ser de maneira livre, ser como projeto, como existência que escolhe sua essência, e ser absoluto; como não há diferença alguma entre ser um absoluto temporalmente localizado, ou seja, situado na história, e ser compreensível de maneira universal.

Isto não resolve completamente a objeção de subjetivismo. Com efeito, esta objeção assume ainda diversas formas. A primeira delas é a seguinte: dizem-nos, "Então, você pode fazer o que bem entender". Isso é dito de diversas maneiras. Primeiramente, taxam-nos de anarquia; em seguida nos declaram: "Vocês não podem julgar os outros, pois não existe razão para preferir um projeto a outro"; finalmente, podem dizer: "Nas escolhas de vocês tudo é gratuito, vocês dão com uma mão aquilo que fingem receber com a outra". Estas três objeções não são muito sérias. Antes de tudo, a primeira: "Você pode escolher o que bem entender", não é exata. A escolha é possível em um sentido, mas o que não é possível é não escolher. Eu sempre posso escolher, mas tenho que saber que se não escolho, isto também é uma escolha. Isto, embora pareça algo estritamente formal, tem uma grande importância para limitar a fantasia e o capricho. Pois, diante de uma situação real – por exemplo, o fato de eu ser um ser sexuado, capaz de ter relação com um ser de outro sexo e de ter filhos – eu sou obrigado a escolher uma atitude e, de qualquer modo, sou responsável por uma escolha que, ao me engajar, engaja também a humanidade inteira, mesmo que nenhum valor *a priori* determine minha escolha, isto nada tem a ver com capricho; e se alguém pensa estar diante da teoria do *ato gratuito* de Gide é porque não percebe a enorme diferença entre esta doutrina e a de Gide. Gide não sabe o que é uma situação; ele age por simples capricho. Para nós, ao contrário, o homem se encontra em uma situação organizada, em que ele mesmo está engajado, em que ele engaja, com sua escolha, a humanidade inteira, e em que não pode evitar escolher. Ou ele escolhe ficar solteiro ou se casa e não tem filhos ou se casa e tem filhos; de qualquer modo, o que quer que ele faça, não tem como não assumir a total responsabilidade diante dessa situação. Sem dúvida, ele escolhe sem referir-se a valores preestabelecidos, mas seria injusto taxá-lo de capricho. Digamos, em vez disso, que a escolha moral pode ser comparada com uma obra de arte. E, aqui, precisamos fazer uma pausa para esclarecer que não se trata de uma moral estética, pois nossos adversários são de uma má-fé tal que mesmo disso nos acusam. O exemplo que eu escolhi é apenas uma comparação. Estando isto claro, alguém iria censurar um artista que, ao pintar um quadro, não tivesse seguido regras estabelecidas *a priori*? Ou alguém iria lhe dizer que quadro ele deveria pintar? É evidente que não há um quadro definido a ser feito; que o artista se engaja na composição de um quadro, e que o quadro a ser feito é exatamente aquele que ele pintar. É evidente que não existem valores estéticos *a prio-*

ri, mas que há valores que se revelarão em seguida, na coerência do quadro, na relação entre a vontade de criação e o resultado. Ninguém pode dizer como será a pintura de amanhã; só se pode julgar um quadro depois que ele está feito. Que relação tem isso com a moral? Nós estamos na mesma situação criadora. Nunca se fala da gratuidade de uma obra de arte. Ao falarmos de uma tela de Picasso, nunca dizemos que ela é gratuita; compreendemos muito bem que ela foi feita como tal à medida que foi pintada, que o conjunto de sua obra se incorpora à sua vida.

O mesmo acontece no plano moral. O que há de comum entre a arte e a moral é que, em ambos os casos, temos criação e invenção. Não podemos decidir *a priori* aquilo que deve ser feito. Acredito ter-lhes demonstrado isso bem ao falar do caso do aluno que veio me procurar e que poderia ter buscado todos os sistemas morais, a moral kantiana ou outras, sem encontrar nelas nenhuma espécie de indicação; ele era obrigado a inventar sua própria lei. Nunca poderemos dizer que esse homem, tenha ele escolhido ficar com sua mãe tomando como base moral o sentimento, a ação individual e a caridade concreta, ou ido para a Inglaterra, preferindo o sacrifício, tenha feito uma escolha gratuita. O homem se faz; ele não está feito de antemão, mas se faz escolhendo sua moral, e a pressão das circunstâncias é tal que ele só não pode não escolher uma. Não definimos o homem senão em relação a um engajamento. Portanto, é absurdo que nos critiquem mencionando a gratuidade da escolha. Em segundo lugar, dizem-nos: "Você não pode julgar os outros". Isto é verdadeiro em um sentido e falso em outro. É verdadeiro no sentido que, cada vez que o homem escolhe seu engajamento e seu projeto em toda sinceridade e toda lucidez, não importando, aliás, que projeto seja esse, é impossível fazer com que ele prefira outro. É verdadeiro neste sentido, que nós não acreditamos em progresso; o progresso é um melhoramento; o homem é sempre o mesmo diante de uma situação que varia e a escolha permanece sempre uma escolha em determinada situação. O problema moral não mudou desde o momento em que se podia escolher entre os escravistas e os não escravistas, por exemplo, na época da Guerra da Secessão, e o momento presente em que se pode optar pelo MRP. [Movimento Republicano Popular] ou pelos comunistas.

Contudo, pode-se, sim, emitir julgamentos, porque, como lhes disse, fazemos escolhas perante os outros. Pode-se julgar, antes de tudo (e não se trata, decerto, de um julgamento de valor, mas de um julgamento lógico), que algumas escolhas se fundamentam no erro, e outras na verdade. Pode-se julgar um homem afirmando que ele age de má-fé. Ao definirmos a situação humana como sendo de uma escolha livre, sem escusas e sem auxílios, todo homem que se refugia por trás da desculpa de suas paixões, todo homem que inventa um determinismo, é um homem de má-fé. Poder-se-ia objetar: e por que ele não poderia escolher-se como um homem de má-fé? A isto respondo que eu não o julgo moralmente, mas defino sua má-fé como um erro. Aqui, não podemos evitar um julgamento de verdade. A má-fé é, evidentemente, uma mentira, pois dissimula a total liberdade do engajamento. No mesmo plano, eu diria que trata-se de má-fé também quando escolho afirmar que alguns valores são anteriores a mim; entro em contradição comigo mesmo se eu os quero e, ao mesmo tempo, declaro que eles se impõem a mim. Se me disserem: "E se eu quiser ser um homem de má-fé?" Eu responderei: "Não existe nenhuma razão para você não sê-lo, mas eu declaro que você o é, e que a atitude de estrita coerência é a atitude de boa-fé". Além disso, eu posso emitir um julgamento moral. Quando declaro que a liberdade, em cada circunstância concreta, não pode ter outro fim que procurar a si mesma, se o homem reconheceu, a certa altura, que estabeleceu valores no desamparo, ele não pode querer outra coisa senão a liberdade como fundamento de todos os valores. Isso não significa querê-la abstratamente. Significa, simplesmente, que os atos dos homens de boa-fé têm como última significação a busca da liberdade enquanto tal. Um homem que adere a determinado sindicato, comunista ou revolucionário, tem objetivos concretos; esses objetivos implicam uma vontade abstrata de liberdade; mas tal liberdade se quer no concreto. Nós queremos a liberdade para a liberdade e através de cada circunstância particular. E, querendo a liberdade, descobrimos que ela depende inteiramente da liberdade dos outros, e que a liberdade dos outros depende da nossa. Obviamente, a liberdade como definição do homem não depende de outrem, mas, desde que existe o engajamento, eu sou obrigado a querer, ao mesmo tempo que a minha liberdade, a liberdade do outro; e não posso ter como fim a minha liberdade sem ter a dos outros como fim. Consequentemente, ao ter reconhecido, no plano da autenticidade total, que o homem é um ser no qual a essência é precedida pela existência, que ele é um ser livre que não pode, em circunstâncias diversas, desejar outra coisa que a liberdade, reconheci, ao mesmo tempo, que não posso senão desejar a liberdade dos outros. Assim, em nome desta vontade de liberdade, implicada pela liberdade enquanto tal, eu posso formar e emitir julgamentos sobre aqueles que procuram ocultar a total gratuidade de sua existência e sua total liberdade. Aqueles que encobrem, à guisa de seriedade ou com escusas deterministas, sua total liberdade, eu os chamarei de covardes; e aos que tentarem mostrar que sua existência era necessária, sendo que ela é a própria contingência da aparição do ser humano sobre a terra, a esses os chamarei de asquerosos. Porém, covardes ou asquerosos somente podem ser julgados no plano da estrita autenticidade. Desse modo, embora o conteúdo da moral seja variável, determinada forma dessa moral é universal. Kant declara que a liberdade quer a si mesma e bem como a liberdade dos outros. De acordo. Porém, ele considera que o formal e o universal são suficientes para constituir uma moral. Nós pensamos, ao contrário, que princípios demasiadamente abstratos não conseguem definir a ação. Mais uma vez, retomemos o caso daquele aluno: em nome de que, em nome de qual grande máxima moral creem vocês que ele teria podido decidir com toda serenidade de espírito abandonar sua mãe ou ficar junto dela? Não existe nenhum meio de julgar. O conteúdo sempre é concreto e, consequentemente, imprevisível. Sempre haverá a invenção. A única coisa que conta é saber se a invenção que se faz é feita em nome da liberdade.

Examinemos, por exemplo, os dois casos a seguir. Vocês verão em que medida eles se assemelham e, ao mesmo tempo, diferem entre si. Tomemos *The mill on the floss*[3]. Ali encontramos uma certa menina, Maggie Tulliver, que encarna o valor da paixão e que tem consciência disso. Ela é apaixonada por um rapaz, Stephen, que está noivo de uma mocinha insignificante. Maggie Tulliver, em vez de dar preferência, impetuosamente, à sua própria felicidade, decide, em nome da solidariedade humana, se sacrificar e renunciar ao homem que ela ama. Ao contrário, La Sanseverina, em *La Chartreuse de Parme* [*A Cartuxa de Parma*], considerando que a paixão constitui o real valor humano, teria declarado que um grande amor demanda certos sacrifícios; e que ele é preferível à banalidade de um amor conjugal que uniria Stephen com a jovem tonta com quem ele iria se casar. Ela escolheria sacrificar esta última e realizar sua felicidade e, como Stendhal o demonstra, ela se sacrificará a si mesma no plano da paixão, se a vida lho exigir. Aqui estamos diante de dois tipos de moral rigorosamente opostos; no entanto, quero demonstrar que eles são equivalentes: em ambos os casos, o que está posto como meta é a liberdade. E vocês podem imaginar duas atitudes rigorosamente parecidas quanto aos efeitos: uma das jovens, por resignação, prefere renunciar a um amor, e outra, por apetite sexual, prefere ignorar os vínculos anteriores do homem que ela ama. Estas duas atitudes são, aparentemente, parecidas com o que acabamos de descrever. Mas são, contudo, inteiramente diferentes; a atitude de La Sanseverina está muito mais próxima da de Maggie Tulliver do que de uma indiferente avidez.

Desse modo vocês percebem que essa segunda crítica é ao mesmo tempo verdadeira e falsa. Podemos escolher qualquer coisa se estivermos no plano do engajamento livre.

A terceira objeção é a seguinte: "Vocês recebem com uma mão aquilo que dão com a outra; quer dizer que, no fundo, os valores não são sérios, uma vez que vocês mesmos os determinam". A isso só posso responder que sinto muito que seja dessa forma; no entanto, se eu suprimi o Bom Deus, alguém tem que criar os valores. Temos que encarar as coisas como elas são. E, além disso, dizer que nós determinamos os valores não significa outra coisa senão que a vida não tem sentido, *a priori*. Antes de começarmos a viver, a vida, em si, não é nada, mas nos cabe dar-lhe sentido, e o valor da vida não é outra coisa senão este sentido que escolhemos. Com isso vocês percebem que existe possibilidade de criarmos uma comunidade humana. Criticaram-me por eu perguntar se o existencialismo era um humanismo[4]. Disseram-me: "Mas você escreveu em *A náusea* que os humanistas estavam equivocados, você zombou de um tipo de humanismo, para que retornar a isso novamente?" Na realidade, a palavra humanismo tem dois significados muito diferentes. Por humanismo pode-se entender uma teoria que toma o ser humano como fim último e como valor supremo. Neste sentido, aparece um humanismo, por exemplo, na história de Cocteau, *A volta ao mundo em 80 horas*, quando um personagem declara, ao sobrevoar as montanhas de avião: "O homem é admirável!" Isto significa que eu, pessoalmente, que não construí os aviões, me benefício dessas invenções particulares e posso, pessoalmente, enquanto homem, me considerar também responsável e honrado pelas ações particulares de alguns seres humanos. Isto permitiria supor que pudéssemos atribuir um valor ao homem a partir dos atos mais nobres de alguns homens. Este humanismo é absurdo, pois apenas o cachorro ou o cavalo poderiam formar um juízo coletivo sobre o homem e declarar que o homem é admirável, coisa que, com certeza, não lhes interessa fazer, pelo que eu saiba. Mas tampouco se pode admitir que um homem possa emitir um julgamento sobre o homem. O existencialismo o dispensa de todo julgamento desse gênero: o existencialista nunca tomará o homem como fim, pois ele sempre está por fazer-se. E não devemos crer em uma humanidade a ser cultuada, à maneira de Augusto Comte. O culto à humanidade culmina no humanismo fechado sobre si mesmo de Comte e, devemos dizer, no fascismo. Trata-se de um humanismo que não desejamos.

Existe, no entanto, outro sentido para o humanismo, que significa, no fundo, o seguinte: o homem está constantemente fora de si mesmo; é projetando-se e perdendo-se fora de si que ele faz o homem existir e, por outro lado, é perseguindo fins transcendentes que ele é capaz de existir; sendo essa superação e apropriando-se dos objetos apenas em relação a essa superação, o homem está no coração, no centro dessa superação. Não há outro universo senão um universo humano, um universo da subjetividade humana. Esta ligação da transcendência, como constitutiva do homem – não no sentido em que Deus é transcendente, mas no sentido de superação – e da subjetividade, no sentido em que o homem não se encontra encerrado nele mesmo, mas sempre presente num universo humano, é o que denominamos de humanismo existencialista. Humanismo, porque lembramos ao homem que não há outro legislador senão ele mesmo, e que é no desamparo que ele decidirá por si mesmo; e porque mostramos que não é voltando-se para si mesmo, mas sempre buscando fora de si um fim que consiste nessa liberação, nesta realização particular, que o homem se realizará precisamente como humano.

A partir dessas poucas reflexões, nota-se que nada é mais injusto do que as objeções que nos fazem. O existencialismo não é outra coisa senão um esforço para extrair todas as consequências de um posicionamento ateu coerente. De forma alguma ele pretende mergulhar o homem no desespero. Mas se, como os cristãos, chamarmos de desespero toda atitude de descrença, o existencialismo, então, parte do desespero original.

O existencialismo não é, sobretudo, um ateísmo no sentido de empenhar-se para demonstrar que Deus não existe. Declara, ao contrário, que, mesmo que Deus exista, isso não mudaria nada; este é o nosso ponto de vista. Não quer dizer que creiamos que Deus existe, mas que achamos que o problema não é sua existência ou não. O homem precisa encontrar-se ele próprio e convencer-se de que nada poderá salvá-lo de si mesmo, mesmo que houvesse uma prova incontestável da existência de Deus. Neste sentido, o existencialismo é um otimismo, uma doutrina de ação, e apenas por má-fé é que, confundindo seu próprio desespero com o nosso, os cristãos podem nos chamar de desesperançados.

2
Discussão

Pergunta: Eu não sei se esta vontade de se fazer compreender o ajudará, de fato, a ser melhor compreendido, ou se irá torná-lo ainda mais mal-compreendido, mas acho que o artigo de esclarecimento publicado no *Action*[1] o torna ainda mais confuso. As palavras *desespero* e *desamparo* têm uma ressonância muito mais forte em um texto existencialista. Parece-me que, para você, o desespero, ou a angústia, é alguma coisa mais fundamental do que simplesmente a decisão do homem que se sente só e que deve decidir. É uma tomada de consciência da condição humana que não se produz o tempo todo. Que nós escolhemos o tempo todo está claro, mas a angústia e o desespero não se produzem constantemente.

Sartre: Evidentemente, eu não quero dizer que, ao fazer uma escolha entre um mil-folhas e uma bomba de chocolate, eu escolho com angústia. A angústia é constante no sentido de que minha escolha original é uma coisa constante. De fato, para mim, a angústia é a ausência total de qualquer justificação e, ao mesmo tempo, a responsabilidade em relação a todos.

Pergunta: Eu estava falando do ponto de vista do texto publicado no *Action*, e me parece que, ali, seu ponto de vista estava um pouco enfraquecido.

Sartre: Com toda sinceridade, é possível que no *Action* minhas teses tenham ficado um pouco enfraquecidas; acontece muitas vezes que pessoas não qualificadas para isso venham me fazer perguntas. Eu então me encontro diante de duas soluções: recusar responder ou aceitar a discussão em um nível de vulgarização. Eu escolhi a segunda porque, no fundo, quando se expõe teorias nas aulas de Filosofia, também se aceita enfraquecer um pensamento para torná-lo compreensível, e isso nem é tão ruim assim. Se temos uma teoria de engajamento, precisamos nos engajar até o fim. Se realmente a filosofia existencialista é, antes de tudo, uma filosofia que diz que "a existência precede a essência", ela então deve ser vivenciada para ser verdadeiramente sincera. Viver como existencialista significa aceitar comprometer-se com esta doutrina, e não impô-la em livros. E se você deseja que esta filosofia seja realmente um engajamento, terá que falar sobre ela com as pessoas que a discutem sob o aspecto político ou moral.

Vocês me criticam por utilizar o termo humanismo. É porque o problema se coloca dessa forma.

Ou temos que tratar da doutrina estritamente no plano filosófico e contar com o acaso para que ela tenha uma ação, ou então, considerando que as pessoas pedem algo diferente e, tendo em vista que ela quer ser um engajamento, é preciso aceitar vulgarizá-la, com a condição de que esta vulgarização não a deforme.

Pergunta: Aqueles que querem compreendê-lo o compreenderão, e os que não querem não o compreenderão.

Sartre: Você parece conceber o papel da Filosofia na cidade de uma maneira que já foi ultrapassada pelos acontecimentos. Outrora, os filósofos eram atacados apenas por outros filósofos. Os leigos não entendiam nada e nem se importavam com isso. Hoje a Filosofia desce às praças públicas. O próprio Marx sempre tratou de vulgarizar seu pensamento. O *Manifesto* é a vulgarização de um pensamento.

Pergunta: A escolha original de Marx foi uma escolha revolucionária.

Sartre: É muito esperto quem conseguir dizer se Marx escolheu-se antes de tudo revolucionário e em seguida filósofo ou primeiro filósofo e depois revolucionário. Ele é filósofo e revolucionário; é um todo. Ele escolheu-se primeiramente revolucionário: isto quer dizer o quê?

Pergunta: O *Manifesto Comunista* não me parece uma vulgarização, mas uma arma de combate. Não posso crer que isto não seja um ato de engajamento. Uma vez que Marx filósofo concluiu que a revolução era necessária, seu primeiro ato foi seu *Manifesto Comunista*, que é um ato político. O *Manifesto Comunista* é o vínculo entre a filosofia de Marx e o comunismo. Qualquer que seja a moral que você tenha, não se percebe um vínculo lógico tão estreito entre essa moral e sua filosofia, como entre o *Manifesto Comunista* e a filosofia de Marx.

Sartre: Trata-se de uma moral de liberdade. Se não existe contradição entre esta moral e nossa filosofia, não há nada mais a se exigir. Os tipos de engajamento são diferentes de acordo com cada época. Em uma época em que engajar-se significava fazer a revolução, era preciso escrever o *Manifesto*. Em uma época como a nossa, em que existem diferentes partidos que se proclamam revolucionários, o engajamento não consiste em ingressar em um deles, mas procurar esclarecer os conceitos, tanto para deixar a posição clara como para tentar atuar sobre os diferentes partidos revolucionários.

Naville: A questão que se pode colocar a partir dos pontos de vista que você acaba de apresentar é saber se sua doutrina não irá apresentar-se, no período que se seguirá, como a ressurreição do radical-socialismo. Isso parece bizarro, mas é dessa forma que temos que colocar a questão atualmente. Ademais, você se coloca do lado de todos os pontos de vista. Mas se quisermos procurar uma linha de convergência atual desses pontos de vista, desses vários aspectos do existencialismo, das ideias existencialistas, tenho a impressão de que a encontraremos em uma espécie de ressurreição do liberalismo; sua filosofia tenta ressuscitar em condições absolutamente particulares que são as condições históricas atuais, aquilo que foi o essencial do radical-socialismo, do liberalismo humanista. O que lhe dá um caráter próprio é o fato de a crise social mundial não permitir mais o antigo liberalismo; ela exige um liberalismo torturado, angustiado. Parece-me que podemos encontrar certo número de razões bastante profundas para tal apreciação, embora nos detenhamos nos próprios termos que você mesmo utilizou. O que se depreende da exposição de hoje é que o existencialismo se apresenta na forma de um humanismo e de uma filosofia da liberdade que é, fundamentalmente, um pré-engajamento, um projeto que não se define. Você coloca em primeiro lugar, como muitos outros, a dignidade humana, a eminente dignidade da pessoa, temas que, no fim das contas, não estão muito longe de todos os antigos temas liberais. Para justificá-los, você faz distinção entre dois tipos de humanismo, entre duas espécies de "condição humana", entre o duplo sentido de certo número de termos já bastante desgastados que, além de tudo, possuem toda uma história significativa, e cuja ambiguidade não é fruto do acaso. Para resgatá-los, você lhes atribui um novo significado. Eu deixo de lado todas as questões especiais que dizem respeito à técnica filosófica, embora sejam muito interessantes e importantes, e, detendo-me nos termos que ouvi, explicito um ponto fundamental que mostra que, apesar da distinção que você faz dos dois sentidos do humanismo, no fundo você permanece com o sentido antigo.

O homem se apresenta como uma escolha a fazer. Muito bem. Ele é, sobretudo, sua existência no momento presente e está fora do determinismo natural; ele não tem definição anteriormente a si mesmo, mas sim, em função de seu presente individual. Não existe uma natureza humana superior a ele, mas uma existência específica lhe é dada em um momento determinado. Eu me pergunto se a existência, considerada dessa forma, não seria apenas outra versão do conceito de natureza humana que, historicamente, se reveste de uma nova roupagem; se não é muito semelhante – mais do que poderia parecer em um primeiro momento – à natureza humana como se entendia no século XVIII e cujo conceito você declara rejeitar, porque ela está por trás, em larga medida, da expressão *condição humana* da forma como o existencialismo a utiliza. Sua concepção da condição humana é um substituto para a natureza humana, como também coloca a experiência vivida em lugar da experiência vulgar ou da experiência científica.

Se considerarmos as condições humanas como condições definidas por um X, que é o X do sujeito, mas não pelo contexto natural delas, por sua determinação positiva, estaremos lidando com outra forma de natureza humana. Será uma natureza-condição, digamos, ou seja, ela não se define simplesmente como tipo abstrato de natureza, mas se revela por meio de alguma coisa muito mais difícil de formular por razões que, me parece, são históricas. Hoje a natureza humana se define no quadro social de uma desagregação geral dos regimes sociais, das classes, os conflitos que as perpassam, de uma miscigenação de raças e nações que fazem com que a própria ideia de uma natureza humana uniforme, esquemática, já não possa se apresentar com o mesmo caráter geral, ou revestir-se do mesmo tipo de universalidade do século XVIII, época em que ela parecia expressar-se sobre a base de um progresso contínuo. Hoje estamos às voltas com uma expressão da natureza humana que as pessoas que refletem ou falam ingenuamente dessa questão exprimem em termos de condição humana. Elas expressam isto de maneira caótica, vaga e, geralmente, de uma forma, digamos, dramática, imposta pelas circunstâncias; e na medida em que não se quer passar da expressão genérica dessa condição ao exame determinista do que são efetivamente as condições, elas conservam o tipo, o esquema de uma expressão abstrata análoga à da natureza humana.

Assim, o existencialismo se agarra à ideia de uma natureza humana, mas agora não é mais uma natureza autoconfiante, mas uma condição amedrontada, insegura e desamparada. E, de fato, quando um existencialista fala de condição humana, ele fala de uma condição que ainda não é verdadeiramente engajada naquilo que o existencialismo chama de projetos, e que, consequentemente, é uma precondição. Trata-se de um pré-engajamento e não de um engajamento nem de uma verdadeira condição. Então, não é por acaso que essa condição se define antes de tudo por seu caráter de humanismo geral. Aliás, quando, no passado, se falava de natureza humana, tinha-se em vista alguma coisa mais delimitada do que quando se falava de uma condição em geral; porque a natureza já é outra coisa, é mais do que uma condição, em certa medida.

A natureza humana não é uma modalidade no sentido em que a condição humana é uma modalidade. E é por esta razão, creio eu, que se deveria falar de naturalismo, mais que de humanismo. No naturalismo há uma implicação de realidades mais gerais que no humanismo, ao menos no sentido que você dá ao termo humanismo; estamos lidando aqui com uma realidade. Além disso, se deveria ampliar essa discussão relativa à natureza humana, pois é preciso levar em consideração o ponto de vista histórico. A realidade primeira é a realidade natural, da qual a realidade humana não é mais que uma função. Mas para isso é preciso admitir a verdade histórica e o existencialista, de maneira geral, não admite a verdade da história, nem da história humana e nem da história natural em geral e, todavia, é a história que faz os indivíduos; é sua própria história, a partir do momento em que são concebidos, que faz com que os indivíduos não nasçam e surjam em um mundo que lhes atribui uma condição abstrata, mas sim surjam em um mundo ao qual eles desde sempre pertenceram, pelo qual eles são condicionados e ao qual eles próprios também condicionam, tanto quando a mãe condiciona seu bebê e o bebê a condiciona também desde que está sendo gestado. É apenas deste ponto de vista que temos direito de falar de condição humana como uma realidade primeira. Seria necessário dizer que realidade primeira é uma condição natural e não uma condição humana. Eu estou apenas repetindo opiniões correntes e banais, mas que, me parece, não foram absolutamente refutadas pelo discurso existencialista. Em suma, se é verdade que não existe uma natureza humana abstrata, uma essência do homem independente ou anterior à sua existência, também é verdade que não existe uma condição humana em geral, embora, por condição, você entenda um determinado número de circunstâncias ou situações concretas, porque, a seus olhos, elas não estão articuladas. De qualquer modo, o marxismo tem uma ideia diferente sobre essa questão, que é a da natureza no homem e do homem na natureza, não sendo ele, necessariamente, definido de um ponto de vista individual.

Isto significa que existem leis de funcionamento para o homem como para qualquer outro objeto da ciência que constituem, no sentido pleno da palavra, sua natureza, uma natureza diversificada, é verdade, e que se parece muito pouco com uma fenomenologia, ou seja, uma percepção experimentada, empírica, vivida, tal como a vê o senso comum ou, antes, o pretenso senso comum dos filósofos. Neste sentido, a concepção da natureza humana que possuíam os homens do século XVIII era sem dúvida muito mais próxima da de Marx do que sua substituta existencialista, isto é, a condição humana, pura fenomenologia da situação.

Humanismo, hoje, infelizmente, é um termo que serve para designar as correntes filosóficas, não apenas em dois sentidos, mas em três, quatro, cinco, seis. Todo mundo é humanista agora, mesmo alguns marxistas que se descobrem racionalistas clássicos são humanistas em um sentido insípido, derivado das ideias liberais do século passado, de um liberalismo refratado ao longo de toda a crise atual. Se os marxistas podem pretender-se humanistas, as diferentes religiões, os cristãos, os hindus e muitos outros também pretendem ser acima de tudo humanistas, assim como o existencialista e, de maneira geral, todas as filosofias. Atualmente, muitas correntes políticas se proclamam igualmente humanistas. Tudo isto converge para uma espécie de tentativa de restituição de uma filosofia que, apesar de sua pretensão, no fundo se recusa a engajar-se e recusa fazê-lo não apenas do ponto de vista político e social, mas também em um sentido filosófico profundo. Se o cristianismo se pretende, acima de tudo, humanista, é porque ele se recusa a engajar-se, ou seja, a participar da luta das forças progressistas, pois se mantém em posições reacionárias em relação a essa revolução. Se os pseudo-marxistas ou os liberais se declaram estar do lado da pessoa, acima de tudo, é porque eles recuam diante das exigências da situação atual do mundo. Assim também o existencialista, enquanto liberal, se proclama a favor do homem em geral porque não consegue tomar uma posição exigida pelos acontecimentos, e a única posição progressista que conhecemos é a do marxismo. É o marxismo que aponta os verdadeiros problemas da atualidade.

Não é verdade que o homem tenha uma liberdade de escolha no sentido que, por meio dessa escolha, ele confere à sua atividade um sentido que ela não teria de outra forma. Não basta afirmar que os homens podem lutar pela liberdade sem saber que estão lutando pela liberdade; ou então, se atribuirmos um sentido pleno a essa constatação, isso significa que os seres humanos podem se engajar e lutar por uma causa que os domine, ou seja, agir em um âmbito que os transcende e não somente em função de si mesmos. Pois, enfim, se um homem luta pela liberdade sem saber, sem formular expressamente de que modo, com que objetivo ele luta, isto significa que seus atos vão acarretar uma série de consequências que se insinuarão em uma trama causal cujos fins ele ignora, mas que, ao mesmo tempo, encerram sua ação e lhe dão seu sentido em função da atividade dos outros; não apenas dos outros homens, mas do meio natural em que esses homens agem. Mas, segundo seu ponto de vista, a escolha é uma pré-escolha – eu volto novamente a esse prefixo porque acredito que exista aí uma reserva que interfere – nesta espécie de pré-escolha em que lidamos com uma liberdade de pré-indiferença. No entanto, sua concepção da condição e da liberdade está relacionada a uma determinada definição dos objetos sobre a qual quero fazer um comentário. É, inclusive, a partir desta ideia do mundo dos objetos, da utensilidade, que deriva todo o resto. À imagem das existências descontínuas dos seres, você traça o quadro de um mundo descontínuo de objetos, em que todo causalismo está ausente, exceto essa estranha variedade de relações de causalidade que é a de utensilidade, passiva, incompreensível e desprezível. O homem existencialista tropeça em um universo de utensílios, de obstáculos inconvenientes, amarrados entre si, apoiados uns nos outros por uma bizarra preocupação de servir uns aos outros, porém marcados pelo estigma, terrível aos olhos dos idealistas, da assim chamada pura exterioridade. Esse mundo do determinismo instrumental, no entanto, é a-causal. Mas onde começa e onde termina este mundo, cuja definição, além do mais, é completamente arbitrária e em nada concorde com os dados científicos modernos? Para nós, ele não começa e nem termina em lugar nenhum, pois a segregação que o existencialismo pretende imputar-lhe em relação à natureza ou, mais que isso, à condição humana, é irreal. Há um mundo, um único mundo, ante nossos olhos e o conjunto desse mundo, homens e coisas, se quiser fazer essa distinção, pode ser inteiramente afetado, em certas condições variáveis, pela marca da objetividade. A utensilidade das estrelas, da cólera, da flor? Eu não vou conjeturar sobre isso. Mas eu acredito, contudo, que sua liberdade, seu idealismo, provém do desprezo arbitrário pelas coisas. No entanto, as coisas são bem diferentes da descrição que você lhes dá. Você admite a existência delas em si, já é um sucesso. Mas é uma existência puramente privativa, uma hostilidade permanente. O universo físico e biológico nunca é, em sua opinião, uma condição, uma fonte de condicionamentos, e essa palavra, em seu sentido grande e prático, não tem mais realidade para você do que o termo causa. Por isso é que o universo objetivo, para o existencialista, é apenas ocasião de dissabores, sem influências, no fundo, indiferente, um provável perpétuo, isto é, completamente o oposto do que é para o materialismo marxista.

É por todas essas razões e mais algumas que você concebe o engajamento da Filosofia apenas como uma decisão arbitrária, que você qualifica como livre. Você chega a desnaturar a própria história de Marx ao afirmar que ele definiu uma filosofia, por tê-la engajado. Não, o engajamento, ou antes, a atividade social e política foi, ao contrário, um determinante de seu pensamento mais geral. É dentro de uma multiplicidade de experiências que suas doutrinas se definiram. Parece-me evidente que o desenvolvimento do pensamento filosófico de Marx se faz em uma relação consciente com o desenvolvimento político ou social. Aliás, isto é bastante verdadeiro para os filósofos anteriores. Se Kant é um filósofo sistemático, conhecido por manter-se à parte de toda atividade política, isto não significa que sua filosofia não tenha cumprido um determinado papel político; Kant, o Robespierre alemão, nas palavras de Heine; e embora fosse possível admitir, por exemplo, na época de Descartes, que o desenvolvimento da Filosofia não exercia uma função política imediata – o que, aliás, é um equívoco – isto se tornou impossível depois do século passado. Atualmente, retomar, sob qualquer forma, uma posição anterior ao marxismo, é o que eu chamo de retornar ao radical-socialismo.

O existencialismo, na medida em que pode dar origem a impulsos revolucionários, precisa engajar-se, antes de tudo, em uma operação de autocrítica. Não creio que ele o queira fazer, mas deveria. Seria necessário que ele passasse por uma crise, na pessoa de seus defensores, uma crise dialética, ou seja, que conservasse algumas posições não desprovidas de valor de alguns de seus partidários. Isto me parece ainda mais necessário depois que eu pude observar as conclusões sociais absolutamente inquietantes e nitidamente retrógradas que alguns dentre eles tiraram do existencialismo. Um deles escreveu, como conclusão de uma análise, que a fenomenologia pode hoje ser útil de uma maneira muito precisa no plano social e revolucionário dotando a pequena burguesia de uma filosofia que lhe permita vir a tornar-se a vanguarda do movimento revolucionário internacional. Através das intencionalidades da consciência, poder-se-ia dar à pequena burguesia uma filosofia que corresponda à sua natureza própria, que lhe permita tornar-se a vanguarda do movimento revolucionário mundial. Eu cito esse exemplo, como poderia citar outros tantos do gênero, para mostrar que há pessoas, aliás, muito engajadas e vinculadas ao tema do existencialismo, que chegam a desenvolver teorias políticas que, no fundo – e aqui volto novamente ao que disse no começo –, assumem cores de neoliberalismo, de neo-radical-socialismo. É um perigo certo. O que nos interessa, acima de tudo, não é buscar uma coerência dialética entre todos os âmbitos influenciados pelo existencialismo, mas ver a orientação desses temas que levam, pouco a pouco, talvez, sem dúvida, inclusive a contragosto e em função de uma busca, de uma teoria, de uma atitude, que você acha muito bem definida, a alguma coisa que não é o quietismo, obviamente – pois falar do quietismo, nos dias atuais, é fazer graça, pois se trata de algo impossível – mas que se parece com o atentismo. Isto não contradiz, provavelmente, alguns engajamentos individuais, mas contradiz a busca de um engajamento que assuma um valor coletivo e, sobretudo, um valor prescritivo. Por que o existencialismo não deveria dar diretrizes? Em nome da liberdade? Mas se é uma filosofia orientada no sentido indicado por Sartre, ela precisa dar diretrizes; em 1945 ela deve dizer se é preciso aderir à UDSR[2], ao Partido Socialista, ao Partido Comunista ou que outro, e deve dizer se apoia o Partido Operário ou o Partido Pequeno-Burguês.

Sartre: É difícil lhe responder completamente, porque você falou de muitas coisas. Vou tentar responder algumas coisas que anotei. Primeiramente, acho que você assumiu uma posição dogmática. Você disse que nós estaríamos retomando uma posição anterior ao marxismo, que estaríamos dando um passo atrás. Creio que se deveria provar que não estamos tentando assumir uma posição posterior. Não quero discutir sobre isso, mas gostaria de lhe perguntar de onde é possível que você tenha tal concepção da verdade. Você pensa que existem coisas absolutamente verdadeiras, pois fez críticas em nome de uma certeza. Mas se todos os homens são objetos, como você diz, de onde provém tal certeza? Você disse que é em nome da dignidade humana que o homem se recusa a tratar o homem como objeto. Isto é falso. É por uma razão de ordem filosófica e lógica: se você define um universo de objetos, a verdade desaparece. O mundo do objeto é o mundo do provável. Você deve reconhecer que toda teoria, seja científica ou filosófica, é provável. A prova está em que as teses científicas, históricas, variam e se formulam na forma de hipóteses. Se admitirmos que o mundo do objeto, o mundo do provável, é único, não teremos mais que um mundo de probabilidades e, assim, já que a probabilidade depende de certas verdades adquiridas, de onde vem a certeza? Nosso subjetivismo permite certezas a partir das quais poderemos nos juntar a você no plano do provável e justificar o dogmatismo que você demonstrou em sua exposição e que é incompreensível na posição que você assume. Se você não define a verdade, como conceber a teoria de Marx de outra forma, senão como uma doutrina que aparece, que desaparece, modifica-se e que não tem outro valor do que o de uma teoria? Como fazer uma dialética da história sem começar estabelecendo certo número de regras? Nós as encontramos no *cogito* cartesiano; só podemos encontrá-las situando-nos no terreno da subjetividade. Nunca discutimos o fato de que o homem, constantemente, é um objeto para o homem, mas, reciprocamente, para apreender o objeto enquanto tal, é preciso haver um sujeito que se apreenda como sujeito.

Em seguida, você me fala de uma condição humana que chama, às vezes, de precondição, e fala de uma predeterminação. O que lhe faltou perceber aqui é que nós aderimos a diversas descrições do marxismo. Você não pode me criticar como critica pessoas do século XVIII e que ignorariam toda a questão. O que nos falou sobre a determinação já o sabemos há muito tempo. O verdadeiro problema para nós é definir em que condições há universalidade. Como não há natureza humana, como conservar, em uma história que muda constantemente, princípios universais suficientes para poder interpretar, por exemplo, o fenômeno de Spartacus, o que supõe um mínimo de compreensão da época? Estamos de acordo sobre esse ponto, não há natureza humana, dizendo de outro modo, cada época se desenvolve seguindo leis dialéticas e os homens dependem da época e não de uma natureza humana.

Naville: Quando você tenta interpretar, você diz: "É porque nós nos referimos a determinada situação". De nossa parte, nós nos referimos às analogias ou às diferenças da vida social daquela época comparada à nossa. Se, ao contrário, tentássemos analisar essa analogia em função de um tipo abstrato, nunca chegaríamos a nada. Assim, suponha que daqui a dois mil anos só se disponha, para analisar a situação atual, de teses sobre a condição humana em geral; como se faria para analisar retrospectivamente? Não se conseguiria.

Sartre: Nós nunca pensamos que não se devessem analisar condições humanas ou intenções individuais. O que denominamos situação é, precisamente, o conjunto de condições materiais e psicanalíticas, inclusive, que, em determinada época, dão uma definição precisa de um conjunto.

Naville: Sua definição não parece estar conforme seus textos. E com isso percebe-se que sua concepção da situação não se identifica absolutamente, nem de muito longe, com uma concepção marxista, pois nega o causalismo. A sua definição não é precisa; ela desliza com muita habilidade de uma posição para outra, sem defini-las de maneira suficientemente rigorosa. Para nós, uma situação é um conjunto construído e que se manifesta por meio de toda uma série de condições e de determinações de tipo causal, inclusive a causalidade de tipo estatístico.

Sartre: Você fala de causalidade de ordem estatística. Isto não quer dizer nada. Poderia me definir de maneira clara o que você entende por causalidade? No dia em que um marxista me puder explicar isso eu acreditarei na causalidade marxista. Quando lhes falamos de liberdade, vocês ficam o tempo todo repetindo: "Desculpe, existe a causalidade!" Essa causalidade secreta, que não tem sentido senão em Hegel, vocês não conseguem explicar. Você tem um sonho de causalidade marxista.

Naville: Você admite a existência de uma verdade científica? Pode haver campos que não possuam nenhuma espécie de verdade. Mas o mundo dos objetos – esse eu espero que você admita! – é o mundo com o qual se ocupam as ciências. Ora, para você esse é um mundo que tem apenas uma probabilidade, e não alcança a verdade. Portanto, o mundo dos objetos, que é o da ciência, não admite verdade absoluta. Mas ele alcança uma verdade relativa. No entanto, você reconhece que as ciências utilizam a noção de causalidade?

Sartre: De jeito nenhum! As ciências são abstratas, elas estudam as variações de fatores igualmente abstratos e não a causalidade real. Trata-se de fatores universais em um plano em que as ligações sempre podem ser estudadas. Ao passo que, no marxismo, trata-se do estudo de um conjunto único em que se procura uma causalidade. Isso não é absolutamente a mesma coisa que uma causalidade científica.

Naville: Você deu um exemplo longamente exposto, o jovem que veio ao seu encontro.

Sartre: E ele não estava no plano da liberdade?

Naville: Deveria ter-lhe dado uma resposta. Eu teria tentado averiguar de que ele seria capaz, qual a sua idade, suas condições financeiras, examinar sua relação com sua mãe. É possível que eu tivesse emitido uma opinião provável, mas, com certeza, teria determinado um ponto de vista preciso que, talvez, se demonstrasse falso na prática, mas certamente o teria levado a engajar-se de algum modo.

Sartre: Se ele o procura pedindo um conselho é porque já escolheu a resposta. Na prática, claro que eu poderia ter-lhe dado um conselho; mas como ele estava em busca da liberdade, eu quis deixar que ele decidisse. Além do mais, eu sabia o que ele ia fazer, e foi o que ele fez.

Notas de rodapé

Notas do capítulo Situação da conferência

1. Embora já houvesse alguns jovens filósofos e, em um círculo que se tornava maior do que o de seus antigos alunos, atentos ao que Sartre escrevia, como Francis Jeason, que publicou *Le problème moral et la pensée de Sartre* (O problema moral e o pensamento de Sartre). Éd. du Myrte, 1947.

2. Que, além do mais, considerava o existencialismo "uma doença do espírito". Cf. "Réflexions sur une mise au point" (de Pierre Emmanuel, na Revista *Fontaine*, 41, abr./1945) e "Qu'est-ce que l'existencialisme? – Bilan d'une offensive" (*Les Lettres Françaises*, 24/11/1945).

3. Esta não fora sua primeira tentativa: ele havia exposto uma definição e respondido às críticas dos comunistas no hebdomadário *Action*. Cf. "À propos de l'existencialisme – Mise au point", 29/12/1944 (*Les écrits de Sartre*, por Contat et Rybalka. Paris: Gallimard, 1970).

4. Cf. Apresentação de *Temps Modernes*, 1, out./1945 [Retomado em *Situations, II*. Paris: Gallimard, 1948].

5. In: BURNIER, M.-A. *Les existencialistes et la politique.* Paris: Gallimard, 1966.

6. *Les Temps Modernes,* 9-10, jun.-jul./1946 [Retomado em *Situations.* Paris: Gallimard, 1949].

7. Sua tese da liberdade original, de onde derivam engajamento e responsabilidade, apenas *deixa entrever o que seria uma ética*, à qual ele se propusera a dedicar uma próxima obra (cf. *O ser e o nada*, quarta parte e conclusão).

8. Jornalista e sociólogo, ex-surrealista e militante comunista, Pierre Naville (1904-1993) foi excluído do partido em 1928 por trotskismo. Dirigiu o Movimento Trotskista de 1929 a 1939. Em 1945, fundou *La Revue Internationale* e se reaproximou do partido. Evocando essa época, seu amigo Maurice Nadeau afirma: "Para os sobreviventes que nós somos a mais de um título, inclusive sobreviventes do 'trotskismo', precisamos repensar a situação com ajuda da bússola que nos resta: o marxismo". Cf. *Grâces leur soient rendues*. Paris: Albin Michel, 1990.

9. Cf. no final do volume.

10. *La Revue Internationale*, 4, abr./1946. O grifo é nosso. "É que os marxistas contemporâneos não podem se despojar de si mesmos: eles *rejeitam* a frase inimiga (por medo, por ódio ou por preguiça) no momento exato em que querem abrir-se a ela. Essa contradição os bloqueia [...]" Assim é que Sartre avaliará suas tentativas fracassadas de dialogar com os marxistas. Cf. Questions de méthode, apud *Critique de la raison dialectique*. Tomo I. Nova edição. Paris: Gallimard, 1985.

11. *Vérité et existence*. Paris: Gallimard, 1989 [escrito póstumo].

12. Cf. *Questions de méthode*. Op. cit.

Notas de rodapé do capítulo 1

1. Heidegger, pessoalmente, rejeita essa apelação em sua *Carta sobre o humanismo* (1946), em que faz algumas alusões ao *Existencialismo é um humanismo*.

2. Cf. "Notes premières de l'homme". *Les Temps Modernes*, 1, out./1945.

3. *O moinho à beira do rio*, romance de George Eliot (1860).

4. O assunto anunciado da conferência era: "O existencialismo é um humanismo?"

Notas de rodapé do capítulo 2

1. "À propos de l'existentialisme: mise au point". *Action*, 17, Op. cit.

2. União Democrática e Socialista da Resistência.

Veja outros livros do selo *Vozes de Bolso* pelo site

livrariavozes.com.br/colecoes/vozes-de-bolso

Conecte-se conosco:

f facebook.com/editoravozes

◉ @editoravozes

𝕏 @editora_vozes

▶ youtube.com/editoravozes

☎ +55 24 2233-9033

www.vozes.com.br

Conheça nossas lojas:

www.livrariavozes.com.br

Belo Horizonte – Brasília – Campinas – Cuiabá – Curitiba
Fortaleza – Juiz de Fora – Petrópolis – Recife – São Paulo

EDITORA VOZES LTDA.
Rua Frei Luís, 100 – Centro – Cep 25689-900 – Petrópolis, RJ
Tel.: (24) 2233-9000 – E-mail: vendas@vozes.com.br